TOUS EN CUISINE !

120 RECETTES À PARTAGER

Les classiques faciles

SOLAR
EDITIONS

SOMMAIRE

HOUMOUS

POUR 4 PERSONNES • PRÉPARATION : 30 MIN

1 boîte de pois chiches de 400 g + 1 gousse d'ail
3 cuil. à soupe de tahini (purée de sésame) + 2 cuil. à soupe de jus de citron
½ cuil. à café de sel

❐ Épluchez les pois chiches et la gousse d'ail.

❐ Dans le bol d'un robot mixeur, placez les pois chiches épluchés, la gousse d'ail, le jus de citron, le sel, le tahini et 15 cl d'eau. Mixez jusqu'à l'obtention d'une pâte bien lisse.

❐ Conservez au frais pendant 3 jours dans une boîte hermétiquement fermée. Servez à température ambiante.

TAPENADE

POUR 4-6 PERSONNES • PRÉPARATION : 30 MIN

TREMPAGE : 30 MIN (FACULTATIF)

8 filets d'anchois à l'huile ou au sel + 300 g d'olives noires dénoyautées
2 ou 3 cuil. à soupe d'olives noires à la grecque, dénoyautées (selon le goût)
1 gousse d'ail (facultatif) + 1 cuil. à soupe de jus de citron
1 cuil. à soupe très pleine de câpres fines, avec leur vinaigre + 5 à 10 cl d'huile d'olive

❒ Si vous utilisez des anchois au sel, faites-les tremper 30 minutes dans un bol d'eau froide. Ouvrez-les avec les doigts, retirez l'arête centrale puis épongez les filets un à un avec du papier absorbant.

❒ Épluchez la gousse d'ail, coupez-la en deux et retirez le germe.

❒ Réunissez toutes les olives dans le bol d'un robot électrique et broyez-les d'abord sommairement en donnant quelques impulsions.

❒ Ajoutez les câpres, les anchois, la gousse d'ail et le jus de citron. Continuez à mixer 2 à 3 minutes, en versant l'huile d'olive en filet, jusqu'à l'obtention d'une purée épaisse et onctueuse.

❒ Mettez en bocaux. Recouvrez la surface d'une fine pellicule d'huile d'olive, fermez hermétiquement et mettez au réfrigérateur.

RILLETTES DE THON

POUR 4-6 PERSONNES • PRÉPARATION : 5 MIN

100 g de thon à l'huile d'olive égoutté + 150 g de fromage à tartiner (type Philadelphia®)
2 cuil. à café de jus de citron + 1 cuil. à café d'huile d'olive
10 brins de ciboulette ciselés + Sel et poivre

❐ Écrasez le thon à l'aide d'une fourchette, ajoutez le fromage, le citron, l'huile, le sel et le poivre.

❐ Mélangez jusqu'à obtenir une pâte homogène. Parsemez de ciboulette.

GUACAMOLE

POUR 4 PERSONNES • PRÉPARATION : 10 MIN

1 avocat + 1 oignon nouveau + 5 tomates cerises + Le jus de ½ citron vert + Sel et poivre

❒ Pelez l'avocat, retirez le noyau. Écrasez-le avec une fourchette dans une assiette creuse, ajoutez le jus de citron vert, salez et poivrez.

❒ Lavez les tomates cerises et coupez-les en petits morceaux. Rincez et émincez l'oignon nouveau.

❒ Ajoutez l'oignon et les tomates au guacamole. Dégustez avec des cracottes de sarrasin, par exemple.

BRUSCHETTA À LA TOMATE

POUR 4 PERSONNES • PRÉPARATION : 10 MIN • CUISSON : 5 MIN

4 tomates bien mûres + 2 gousses d'ail + 4 brins de basilic
4 belles tranches de pain de campagne + 2 cuil. à soupe d'huile d'olive + sel et poivre

❒ Lavez les tomates, puis coupez-les en petits dés, en éliminant le jus et les graines. Versez les dés dans un saladier. Rincez et épongez les feuilles de basilic, puis ciselez-les, pas trop finement.

❒ Arrosez les tomates d'huile d'olive, ajoutez le basilic ciselé, salez et poivrez. Réservez à température ambiante.

❒ Pelez les gousses d'ail. Faites dorer les tranches de pain au grille-pain ou sous le gril du four 2 à 3 minutes de chaque côté.

❒ Frottez le pain grillé avec l'ail. Répartissez les dés de tomate sur le pain et servez. Dégustez sans attendre pour que le pain reste croustillant.

TORTILLA

POUR 6 PERSONNES • PRÉPARATION : 30 MIN • CUISSON : 50 MIN ENVIRON

8 œufs + 6 pommes de terre à chair ferme, assez grosses + 3 oignons
5 cuil. à soupe d'huile d'olive + Sel et poivre

❒ Lavez les pommes de terre et faites-les cuire à l'eau bouillante salée pendant 25 minutes environ. Égouttez-les, laissez-les refroidir, pelez-les et coupez-les en rondelles de 1 cm d'épaisseur environ. Pelez et émincez les oignons. Cassez les œufs dans un saladier, salez et poivrez. Battez-les en omelette.

❒ Faites chauffer 4 cuillerées à soupe d'huile dans une grande poêle à fond épais. Ajoutez les oignons et faites-les revenir en remuant 3 minutes. Ajoutez ensuite les rondelles de pomme de terre et mélangez en remuant délicatement 3 minutes. Versez les œufs dessus et faites cuire sur feu modéré pendant 10 à 12 minutes, en remuant la poêle d'avant en arrière, jusqu'à ce que le fond soit pris. Faites glisser l'omelette sur une grande assiette plate, posez une autre assiette dessus et retournez le tout. Faites à nouveau glisser l'omelette retournée dans la poêle, où vous aurez entre-temps fait chauffer le reste d'huile. Poursuivez doucement la cuisson de l'omelette pendant 3 minutes environ.

❒ Faites glisser l'omelette sur une planche à découper et laissez-la tiédir légèrement, puis détaillez-la en carrés et servez-les avec des petites piques en bois. Vous pouvez aussi la laisser refroidir complètement.

PÂTÉ DE CAMPAGNE

POUR 4 PERSONNES • PRÉPARATION : 5 MIN • CUISSON : 1 H 30
RÉFRIGÉRATION : 1 NUIT

350 g d'échine de porc coupée en morceaux + 100 g de veau coupé en morceaux
100 g de poitrine fumée coupée en lardons + 1 œuf
1 oignon pelé et coupé en quatre + 2 tiges de persil + 2 brins de thym effeuillés
3 cl de vin blanc doux + ½ cuil. à café de sel + ¼ de cuil. à café de poivre

❒ Préchauffez le four à 180 °C (th. 6). Mixez l'oignon, le persil, le thym, le sel et le poivre 10 secondes au robot mixeur.

❒ Ajoutez l'échine de porc et mixez encore 10 secondes.

❒ Ajoutez le veau et la poitrine fumée et mixez encore 10 secondes.

❒ Ajoutez le vin blanc et l'œuf, puis mixez une dernière fois 10 secondes.

❒ Remplissez une terrine munie d'un couvercle d'environ 22 cm par 10 cm avec la farce obtenue en la tassant bien. Fermez la terrine.

❒ Enfournez pour 1 h 30. Laissez refroidir, puis réservez au frais 12 heures minimum avant de déguster.

FOIE GRAS

POUR 4 PERSONNES • PRÉPARATION : 5 MIN • CUISSON : 30 MIN
RÉFRIGÉRATION : 2 JOURS

250 g de foie gras dénervé cru + 1 cuil. à café de cognac + Sel et poivre

❒ Préchauffez le four à 180 °C (th. 6). Coupez le foie gras en tranches dans la largeur.

❒ Déposez les tranches dans une assiette. Salez, poivrez et arrosez de cognac.

❒ Tassez les tranches les unes sur les autres dans une terrine ronde de 12 cm de diamètre munie d'un couvercle.

❒ Posez la terrine fermée dans un plat à haut bord et remplissez le plat d'eau bouillante jusqu'en dessous du bord de la terrine.

❒ Enfournez pour 30 minutes.

❒ Laissez la terrine refroidir, puis mettez-la au réfrigérateur pour 2 jours.

ŒUFS COCOTTE CAMPAGNARDS

POUR 4 PERSONNES • PRÉPARATION : 15 MIN • CUISSON : 25 MIN

4 œufs + 380 g de crème fraîche + 1 camembert + 2 saucisses de Montbéliard
6 fines tranches de poitrine fumée + 300 g d'épinards frais + 100 g d'oignons
50 g de croûtons à l'ail + Sel et poivre

❒ Taillez la poitrine fumée en larges tronçons puis faites-les bien griller dans une poêle sans matière grasse. Réservez. À la place, faites revenir l'oignon émincé. S'il colore trop vite, ajoutez un peu d'eau et laissez évaporer. Incorporez ensuite les épinards lavés et laissez fondre. Poivrez.

❒ Préchauffez le four à 210 °C (th. 7) et placez-y un bain-marie. Plongez les saucisses dans une casserole d'eau bouillante et laissez cuire 10 minutes. Coupez-les en rondelles, puis chaque rondelle en quatre. Mélangez ensuite la saucisse et la poitrine fumée avec les épinards.

❒ Retirez la croûte du camembert et coupez-le en petits dés. Salez et poivrez la crème puis réchauffez-la doucement.

❒ Versez un peu de crème dans le fond de quatre ramequins. Répartissez-y la préparation campagnarde, ajoutez le camembert et nappez de crème.

❒ Cassez un œuf dans chaque ramequin, rajoutez un peu de crème et répartissez les croûtons dessus.

❒ Enfournez au bain-marie. Surveillez la cuisson et arrêtez-la lorsque le blanc d'œuf est encore bien baveux. Poivrez et servez.

ŒUFS MIMOSA

POUR 4 PERSONNES • PRÉPARATION : 15 MIN • CUISSON : 10 MIN

4 œufs + 4 feuilles creuses de cœur de laitue + 4 cuil. à soupe de mayonnaise
1 cuil. à soupe de ciboulette ciselée

❒ Faites durcir les œufs 10 minutes à l'eau bouillante salée. Refroidissez-les dans un bol d'eau froide, puis écalez-les. Lavez et épongez les feuilles de laitue.

❒ Coupez les œufs en deux dans le sens de la longueur et retirez délicatement les jaunes. Mélangez 3 jaunes avec la mayonnaise dans un bol et écrasez l'ensemble à la fourchette pour obtenir une pâte homogène. Remplissez-en largement les blancs évidés, en formant des petits dômes.

❒ Râpez ou effritez le dernier jaune à l'aide d'une passoire fine ou d'une fourchette pour faire le « mimosa ».

❒ Posez les feuilles de laitue dans un petit plat. Placez 2 moitiés d'œuf sur chacune, puis parsemez les jaunes et la ciboulette.

POIREAUX VINAIGRETTE

POUR 4 PERSONNES • PRÉPARATION : 5 MIN • CUISSON : 10 MIN

4 blancs de poireau + 1 cuil. à soupe de moutarde à l'ancienne
2 cuil. à soupe d'huile neutre + 1 cuil. à café de vinaigre de cidre + Sel et poivre

❒ Fendez les blancs de poireau dans la longueur sans les couper entièrement et lavez-les avec soin.

❒ Faites-les cuire 10 minutes dans une casserole d'eau bouillante salée, puis égouttez-les bien et posez-les sur du papier absorbant.

❒ Préparez la vinaigrette en mélangeant la moutarde, l'huile et le vinaigre, salez et poivrez selon votre goût.

❒ Servez les poireaux arrosés de vinaigrette.

FEUILLETÉS À LA SAUCISSE

POUR 4 PERSONNES • PRÉPARATION : 10 MIN • CUISSON : 15 MIN • REPOS : 15 MIN

2 saucisses de type Strasbourg ou Francfort + 1 pâte feuilletée
1 cuil. à café de graines de pavot + 1 cuil. à café de graines de sésame doré + 1 jaune d'œuf
2 cuil. à café de moutarde

❒ Plongez les saucisses 2 minutes dans l'eau bouillante et laissez-les refroidir.

❒ Étalez la pâte en un rectangle de 30 par 15 cm, coupez-la en deux dans le sens de la longueur. Placez les saucisses sur les bandes de pâte, badigeonnez-les avec la moutarde, puis roulez et coupez l'éventuel surplus de pâte.

❒ Étalez le jaune d'œuf sur tout le dessus de la pâte à l'aide d'un pinceau. Ajoutez les graines de pavot sur l'une des saucisses feuilletées et les graines de sésame sur la deuxième (ou un mélange des deux selon votre goût).

❒ Placez les deux au réfrigérateur une quinzaine de minutes. Préchauffez le four à 180 °C (th. 6).

❒ Coupez les saucisses feuilletées en tranches de 1,5 cm environ et posez ces tranches sur la plaque du four recouverte d'une feuille de papier cuisson. Enfournez pour 15 minutes. Servez chaud.

GOUGÈRES AU FROMAGE

POUR 4 PERSONNES • PRÉPARATION : 15 MIN • CUISSON : 35 MIN

150 g de farine tamisée + 4 œufs + 60 g de beurre
90 g de gruyère râpé + un peu pour la finition (facultatif) + 1 pincée de sel + Poivre

❐ Préchauffez le four à 180 °C (th. 6). Dans une casserole, portez à ébullition 25 cl d'eau avec le beurre et le sel.

❐ Retirez du feu et versez d'un coup la farine. Mélangez vivement jusqu'à obtenir une pâte qui se décolle des parois.

❐ Remettez à feu doux et faites sécher la pâte 1 minute en la remuant bien.

❐ Incorporez les œufs un à un en mélangeant très vivement. Ajoutez le gruyère, poivrez et mélangez à la spatule.

❐ Formez, à l'aide de 2 cuillères, des petits tas d'environ ½ cuillerée à soupe sur une plaque recouverte de papier cuisson.

❐ Déposez éventuellement une pincée de fromage râpé sur chaque gougère. Enfournez pour 30 minutes environ.

SOUFFLÉ AU FROMAGE

POUR 6 PERSONNES • PRÉPARATION : 20 MIN • CUISSON : 30-35 MIN

40 cl de lait + 4 jaunes d'œufs + 5 blancs d'œufs + 40 g de farine tamisée
100 g de gruyère râpé + 1 grosse pincée de noix de muscade râpée (facultatif)
Beurre pour le moule + Sel et poivre

❒ Préchauffez le four à 210 °C (th. 7). Beurrez abondamment un moule à soufflé de 20 cm de diamètre.

❒ Faites chauffer le lait sans atteindre l'ébullition.

❒ Mélangez les jaunes d'œufs et la farine dans une casserole et remuez jusqu'à ce qu'il ne reste plus aucun grumeau.

❒ Versez progressivement le lait chaud sur les jaunes d'œufs, en fouettant pour obtenir une crème très lisse. Faites épaissir 6 à 8 minutes à feu très doux, sans cesser de remuer avec une cuillère en bois. Ajoutez le gruyère râpé et remuez encore jusqu'à ce qu'il soit bien fondu. Salez, poivrez et ajoutez la noix de muscade. Retirez du feu et laissez tiédir.

❒ Battez les blancs d'œufs en neige très ferme avec une pincée de sel. Mélangez-en rapidement 2 cuillerées à soupe à la préparation, sans prendre de précautions particulières, puis incorporez délicatement le reste, en soulevant de bas en haut pour ne pas les briser. Versez dans le moule, enfournez pour 30 à 35 minutes de cuisson, jusqu'à ce que le soufflé soit doré et bien gonflé.

❒ Servez sans attendre, à la sortie du four, avant que le soufflé ne retombe.

CAKE COMTÉ, JAMBON BLANC, OLIVES

POUR 4-6 PERSONNES • PRÉPARATION : 10 MIN • CUISSON : 40 MIN

6 œufs + 300 g de farine + un peu pour le moule + 60 g de comté + 30 g d'emmental râpé
90 g de jambon de Paris taillé en cubes + 60 g d'olives vertes dénoyautées + 12 cl de lait
3 cl d'huile d'olive + 1 sachet de levure chimique + Beurre pour le moule + Poivre

❒ Préchauffez le four à 180 °C (th. 6). Dans un saladier, mélangez le comté, l'emmental, le jambon et les olives.

❒ Versez la farine et la levure dans un saladier.

❒ Mélangez à part les œufs, le lait et l'huile d'olive, et fouettez rapidement.

❒ Incorporez à la farine, mélangez jusqu'à obtenir une pâte lisse et homogène.

❒ Ajoutez la garniture, poivrez et mélangez de nouveau.

❒ Versez la pâte dans un moule à cake de 22 cm par 8 cm environ, beurré et fariné. Enfournez pour 40 minutes.

QUICHE LORRAINE

POUR 4-6 PERSONNES • PRÉPARATION : 20 MIN • CUISSON : 30 MIN

1 pâte brisée + 150 g de jambon blanc + 150 g de lardons + 3 œufs
30 cl de crème liquide entière + Noix de muscade + Beurre pour le moule + Sel et poivre

❒ Préchauffez le four à 180 °C (th. 6).

❒ Étalez la pâte sur une épaisseur de 5 mm environ. Garnissez-en un moule à tarte beurré de 22 à 24 cm de diamètre. Piquez la pâte, recouvrez-la d'une feuille de papier cuisson et de riz, de pois chiches ou de lentilles crus. Faites précuire la pâte 10 minutes, le temps de préparer la garniture.

❒ Coupez le jambon en dés. Dans un saladier, battez les œufs avec la crème, du poivre en abondance et de la noix de muscade râpée. Ayez la main légère sur le sel, à cause des lardons.

❒ Répartissez jambon et lardons sur la pâte précuite, versez doucement la crème par-dessus. Enfournez et laissez cuire 30 minutes.

❒ Dégustez chaud au froid.

PISSALADIÈRE

POUR 4 PERSONNES • PRÉPARATION : 35 MIN • CUISSON : 50 MIN • REPOS : 1 H

4 gros oignons jaunes + 20 olives noires + 10 anchois + 240 g de farine
1 sachet de levure lyophilisée + 3 cuil. à soupe d'huile d'olive + Sel et poivre

❒ Versez la farine dans un saladier. Ajoutez une pincée de sel, 1 cuillerée à soupe d'huile d'olive, la levure et 10 cl d'eau tiède. Travaillez la pâte pendant 10 minutes (ou utilisez un robot pendant 5 minutes). Formez une boule, placez-la dans un lieu tiède et laissez lever pendant 30 minutes.

❒ Travaillez à nouveau la pâte pendant 3 minutes, puis étalez-la sur une plaque à pâtisserie antiadhésive. Laissez lever encore 30 minutes dans un endroit tiède.

❒ Préchauffez le four à 180 °C (th. 6). Pelez les oignons et émincez-les finement à l'aide d'une râpe à main (ou d'un robot). Faites chauffer le reste d'huile dans une large sauteuse. Ajoutez les oignons, salez et poivrez, puis faites fondre à feu très doux pendant 20 minutes sans coloration. Ajoutez si besoin un peu d'eau pour éviter qu'ils n'attachent.

❒ Étalez les oignons sur la pâte. Disposez les olives et les anchois. Enfournez pour 30 minutes et servez chaud avec une salade.

TARTE À L'OIGNON

POUR 4 PERSONNES • PRÉPARATION : 15 MIN • CUISSON : 55 MIN

1 pâte brisée + 500 g d'oignons finement émincés + 3 œufs + 20 cl de crème liquide
1 cuil. à soupe de moutarde forte + 20 g de beurre + Sel et poivre

❐ Préchauffez le four à 180 °C (th. 6). Déroulez la pâte dans un moule rond de 26 cm de diamètre environ.

❐ Faites revenir le beurre et les oignons dans une grande poêle, 10 minutes à couvert, en remuant de temps en temps, puis 3 minutes à découvert, sans les faire dorer.

❐ Laissez les oignons tiédir, puis répartissez-les sur la pâte.

❐ Mélangez les œufs, la crème et la moutarde dans un saladier. Salez et poivrez.

❐ Versez le mélange sur les oignons. Enfournez pour 40 minutes.

TARTE À LA TOMATE

POUR 4 PERSONNES • PRÉPARATION : 10 MIN • CUISSON : 30 MIN

1 pâte feuilletée + 750 g de tomates + 4 cuil. à soupe de moutarde à l'ancienne
2 branches de thym + Sel et poivre

❒ Préchauffez le four à 180 °C (th. 6). Coupez les tomates en tranches très fines et posez-les sur du papier absorbant.

❒ Déroulez la pâte dans un moule. Étalez la moutarde sur la pâte.

❒ Répartissez ensuite les tomates en plusieurs couches.

❒ Parsemez les feuilles de thym, salez et poivrez.

❒ Enfournez pour 30 minutes.

TARTE SOLEIL

POUR 6-8 PERSONNES • PRÉPARATION : 10 MIN • CUISSON : 20 MIN

2 pâtes feuilletées + 3 cuil. à soupe de tapenade + 1 jaune d'œuf

❒ Préchauffez le four à 180 °C (th. 6). Étalez la tapenade sur une des pâtes feuilletées en laissant environ 2 cm sur le pourtour.

❒ Badigeonnez d'eau la bordure sans tapenade, puis déposez la seconde pâte sur la première. Aplatissez bien les deux pâtes l'une sur l'autre.

❒ Coupez 24 rayons sans aller jusqu'au centre, puis torsadez-les délicatement.

❒ Badigeonnez les torsades de jaune d'œuf, au pinceau, avec délicatesse. Enfournez pour une vingtaine de minutes.

SALADE D'ENDIVES ET CAROTTES, SAUCE AU NOIX

POUR 4 PERSONNES • PRÉPARATION : 20 MIN

2 endives blanches (ou 1 blanche et 1 rouge) + 1 pomme (type Braeburn)
2 carottes + 50 g de mimolette demi-vieille + 12 cerneaux de noix
Pour la sauce aux noix : 1 yaourt nature + 10 cerneaux de noix + 1 cuil. à soupe de cerfeuil ciselé + quelques brins pour la décoration + 1 cuil. à café de moutarde à l'ancienne (ou forte)
1 cuil. à soupe de vinaigre de noix + 2 cuil. à soupe d'huile de noix + Sel et poivre

❒ Pelez, lavez et essuyez les carottes. Coupez-les en fins bâtonnets à l'aide d'une mandoline, puis mettez-les dans un saladier.

❒ Ôtez la base des endives, puis effeuillez-les avant de les émincer dans le sens de la longueur. Lavez la pomme, coupez-la en quartiers, sans la peler, puis épépinez-les et coupez-les en bâtonnets. Hachez grossièrement les cerneaux de noix. Prélevez des copeaux de mimolette à l'aide d'un couteau économe. Ajoutez tous ces ingrédients dans le saladier.

❒ Préparez la sauce aux noix. Dans un bol, mélangez la moutarde avec le vinaigre, l'huile, le yaourt, le cerfeuil, du sel et du poivre. Hachez grossièrement les noix et ajoutez-les à la sauce.

❒ Versez la sauce sur la salade, mélangez, puis répartissez dans 4 belles coupes en verre. Décorez des brins de cerfeuil et servez aussitôt.

MACÉDOINE DE LÉGUMES DE PRINTEMPS

POUR 3-4 PERSONNES • PRÉPARATION : 15 MIN • CUISSON : 20 MIN

3 carottes nouvelles + 1 navet + 200 g de haricots verts + 2 branches de persil plat
100 g de mayonnaise légère

❒ Épluchez les carottes et le navet. Coupez-les en cubes. Retirez les fils des haricots verts et rincez-les.

❒ Lancez le cuit-vapeur et mettez tous les légumes à cuire pour 20 minutes environ. Pendant ce temps, préparez un bol d'eau glacée. Lavez et ciselez finement les feuilles de persil.

❒ Dès que les légumes sont cuits, plongez-les dans le bol d'eau. Au besoin, mettez le bol sous l'eau courante pour maintenir une température fraîche. Égouttez les légumes. Coupez les haricots en morceaux de 1 cm de long.

❒ Dans un saladier, mettez quelques cuillerées de sauce mayonnaise et mélangez avec les légumes et le persil. Réservez la macédoine au réfrigérateur jusqu'au moment de servir.

SALADE À LA PARISIENNE

POUR 4 PERSONNES • PRÉPARATION : 5 MIN • CUISSON : 3 MIN

2 belles tranches de brioche coupées en cubes + 2 bouquets de feuilles de pissenlit
12 œufs durs de caille coupés en deux + 120 g d'emmental coupé en cubes
120 g de jambon coupé en cubes + 8 cornichons coupés en rondelles
Pour la sauce : 3 cuil. à soupe de moutarde à l'ancienne
6 cuil. à soupe de crème liquide allégée + Sel et poivre

❒ Préchauffez le four à 200 °C (th. 6-7). Fouettez ensemble tous les ingrédients de la sauce.

❒ Dorez les cubes de brioche au four pendant 3 minutes.

❒ Ôtez les pieds des pissenlits et disposez les feuilles au fond de l'assiette, puis déposez par-dessus tous les autres ingrédients de la salade. Arrosez de sauce juste au moment de servir.

SALADE DE CHÈVRE CHAUD

POUR 4 PERSONNES • PRÉPARATION : 15 MIN • CUISSON : 10 MIN ENVIRON

200 g de salade verte (en mélange ou non)
8 petits cabécous ou 4 crottins de chèvre épais + 12 tomates cerises
150 g de petits lardons + 8 petites tranches de baguette rustique
Pour la vinaigrette : 3 cuil. à soupe d'huile d'olive + 1 cuil. à soupe de vinaigre
1 cuil. à café de moutarde + Sel et poivre

❒ Lavez, essorez et séchez soigneusement la salade. Coupez les tomates cerises en deux ou en quatre.

❒ Faites revenir les lardons 1 à 2 minutes à feu moyen dans une poêle antiadhésive, sans les laisser brunir. Égouttez-les sur du papier absorbant.

❒ Si vous utilisez 4 crottins de chèvre épais, coupez chacun en deux dans l'épaisseur. Disposez les rondelles (ou chaque fromage) sur les tranches de pain. Préchauffez le four à 180 °C (th. 6).

❒ Fouettez les ingrédients de la vinaigrette dans un saladier, ajoutez la salade et remuez bien. Répartissez-la sur les assiettes.

❒ Enfournez les tartines pour environ 10 minutes de cuisson, ou jusqu'à ce que le fromage fonde et commence à dorer. Disposez-les sur la salade et répartissez les tomates et les lardons autour.

SALADE AUX CHAMPIGNONS

POUR 4 PERSONNES • PRÉPARATION : 20 MIN

450 g de petits champignons de couche bien fermes + 4 grands fonds d'artichaut + 1 citron
50 g de cerneaux de noix + 2 branches de céleri + 2 échalotes
Pour la vinaigrette : 3 cuil. à soupe de fines herbes mélangées, ciselées
3 cuil. à soupe d'huile de tournesol + 1 grosse cuil. à soupe d'huile de noix
1 cuil. à soupe de vinaigre de vin blanc + Sel et poivre

❒ Rincez et égouttez les fonds d'artichaut. Coupez la base du pied terreux des champignons et émincez-les dans un saladier en les citronnant au fur et à mesure. Effilez les branches de céleri et taillez-les en petits tronçons. Pelez et émincez finement les échalotes. Concassez les noix.

❒ Préparez une vinaigrette avec les huiles et le vinaigre, les fines herbes, du sel et du poivre.

❒ Ajoutez le céleri et les échalotes aux champignons. Arrosez de vinaigrette, mélangez délicatement, ajoutez les fonds d'artichaut émincés et les noix.

SALADE NIÇOISE

POUR 4 PERSONNES • PRÉPARATION : 10 MIN • CUISSON : 5 MIN

60 g de haricots verts coupés en tronçons + 60 g de pois gourmands coupés en tronçons
120 g de thon à l'huile + 12 anchois + 12 radis coupés en deux
4 œufs durs coupés en quatre + 2 bols de mesclun + 20 g de petites olives noires à l'huile
Pour la vinaigrette : 3 cuil. à soupe d'huile d'olive + 1 cuil. à soupe de vinaigre de cidre
Sel et poivre

❒ Plongez les haricots verts dans une casserole d'eau bouillante salée ; au bout de 2 minutes ajoutez les pois gourmands, et laissez cuire encore 3 minutes. Plongez alors les légumes dans un saladier d'eau glacée, puis égouttez-les bien.

❒ Préparez la vinaigrette : fouettez ensemble l'huile et le vinaigre, salez et poivrez à votre goût.

❒ Préparez la salade en mélangeant le mesclun, les haricots, les pois gourmands, les anchois, les radis et les olives, et arrosez de vinaigrette.

❒ Répartissez dans les assiettes et déposez par-dessus les morceaux d'œufs durs et le thon égoutté et émietté.

SOUPE DE POTIRON

POUR 4 PERSONNES • PRÉPARATION : 10 MIN • CUISSON : 25 MIN

500 g de potiron coupé en cubes + 1 blanc de poireau coupé en tronçons
1 oignon coupé en morceaux + 50 cl de lait + 50 cl de bouillon de légumes en cube
20 g de beurre + 2 cuil. à soupe de crème fraîche épaisse + Sel et poivre

❒ Faites revenir le potiron, le poireau et l'oignon dans une casserole avec le beurre, 3 minutes à feu assez vif. Salez et poivrez.

❒ Versez le lait et le bouillon de légumes et laissez cuire 20 minutes.

❒ Ajoutez la crème et mixez finement le tout.

VELOUTÉ DE POIREAUX

POUR 6 PERSONNES • PRÉPARATION : 20 MIN • CUISSON : 40 MIN

2 poireaux + 2 pommes de terre + ¼ de saint-nectaire + 20 g de beurre + 25 cl de lait
3 grosses cuil. à soupe de crème fraîche épaisse + Sel et poivre

❒ Épluchez et lavez les poireaux et les pommes de terre. Émincez les poireaux et coupez les pommes de terre en gros cubes.

❒ Faites fondre le beurre dans une grande casserole, laissez-y revenir les poireaux 1 minute, puis ajoutez les pommes de terre. Versez 50 cl d'eau et le lait. Salez, poivrez et laissez mijoter à couvert 30 minutes environ.

❒ Mixez les poireaux et les pommes de terre avec le jus de cuisson, en incorporant progressivement le liquide jusqu'à l'obtention de la texture souhaitée. Vérifiez l'onctuosité. Ajoutez la crème fraîche. Goûtez et rectifiez l'assaisonnement.

❒ Coupez le saint-nectaire en lamelles. Versez le velouté dans des bols, déposez les lamelles de fromage par-dessus et faites gratiner quelques minutes sous le gril du four avant de servir.

BOUILLON GRATINÉ À L'OIGNON

POUR 3-4 PERSONNES • PRÉPARATION : 15 MIN • CUISSON : 30 MIN

4 à 5 oignons, soit 500 g environ d'oignons épluchés + 1 noix de beurre
1 gousse d'ail épluchée + 2 feuilles de laurier + 1 brin de thym
8 petites rondelles de baguette rassise + ½ tasse à café de fromage râpé + Sel

❒ Préchauffez le four à 180 °C (th. 6). Épluchez et émincez les oignons. Faites-les fondre dans le beurre, dans une casserole sur feu doux, pendant une dizaine de minutes. Ajoutez ensuite 75 cl d'eau et les condiments. Salez et laissez mijoter une vingtaine de minutes.

❒ Dans des bols ou un plat allant au four, mettez le pain et versez le potage par-dessus. Parsemez de fromage râpé. Allumez le gril et mettez au four pour 5 à 10 minutes sous haute surveillance.

SOUPE DE LÉGUMES

POUR 6 PERSONNES • PRÉPARATION : 15 MIN • CUISSON : 25 MIN

3 carottes + 2 poireaux + 2 branches de céleri + 2 navets + 2 pommes de terre
25 g de beurre (ou 2 cuil. à soupe d'huile d'olive) + Sel et poivre

❐ Épluchez et coupez en rondelles les carottes. Lavez et coupez en rondelles les poireaux et les branches de céleri. Pelez et taillez en morceaux les navets et les pommes de terre.

❐ Dans une cocotte, chauffez le beurre et faites-y suer quelques minutes les rondelles de carotte, poireau et céleri et les morceaux de navet. Ajoutez les pommes de terre, versez 1,5 l d'eau, puis portez à ébullition. Couvrez et poursuivez la cuisson à frémissement pendant 20 minutes environ, le temps que les légumes soient tendres.

❐ À l'aide d'un mixeur plongeant, mixez la soupe. Ajoutez un peu d'eau si elle vous semble trop épaisse. Goûtez et rectifiez l'assaisonnement. Servez aussitôt la soupe de légumes nature ou agrémentée de croûtons.

SOUPE AU PISTOU

POUR 6 PERSONNES • PRÉPARATION : 20 MIN • CUISSON : 40 MIN

400 g de haricots blancs et/ou rouge frais (coco, big borlotto) + 250 g de haricots verts
2 petites courgettes + 3 pommes de terre + 3 tomates
120 g de coquillettes demi-complètes ou complètes + Sel
Pour le pistou : 1 gros bouquet de basilic + 3 gousses d'ail + 60 g de parmesan râpé
4 cuil. à soupe d'huile d'olive + Sel

❒ Écossez les haricots frais. Équeutez et coupez les haricots verts en tronçons de 2 cm. Pelez et coupez en dés les courgettes et les pommes de terre. Pelez, épépinez et hachez les tomates.

❒ Dans une grande cocotte, portez 2 l d'eau à ébullition. Ajoutez les haricots frais, les haricots verts, les courgettes, les pommes de terre et les tomates. Salez. Couvrez et laissez cuire à frémissement et à couvert pendant 30 minutes. Ajoutez les pâtes et poursuivez la cuisson 10 minutes.

❒ Pendant ce temps, préparez le pistou. Effeuillez le basilic et épluchez les gousses d'ail. Dans un mortier (ou au hachoir électrique), pilez l'ail avec les feuilles de basilic, le parmesan et l'huile d'olive.

❒ Au moment de servir, délayez la préparation au basilic avec 1 louche de bouillon et remettez dans la cocotte. Remuez, goûtez et rectifiez l'assaisonnement.

MOULINÉE DE CAROTTE AU CURCUMA ET À L'ORANGE

POUR 4 PERSONNES • PRÉPARATION : 10 MIN • CUISSON : 30 MIN

800 g de carottes + 2 oranges + 1 gousse d'ail
2 rhizomes de curcuma frais (ou 2 cuil. à café de curcuma en poudre)
1 cuil. à soupe d'huile d'olive + Poivre

❒ Lavez, pelez et coupez les carottes en rondelles. Pelez, dégermez et écrasez la gousse d'ail. Pelez et râpez le curcuma. Prélevez le zeste des oranges et pressez les fruits.

❒ Dans une casserole, chauffez l'huile d'olive et faites-y revenir l'ail écrasé pendant 1 minute. Ajoutez les rondelles de carotte, puis faites revenir pendant 5 minutes en remuant de temps en temps. Versez 1 l d'eau. Portez à ébullition et laissez frémir pendant 25 minutes, le temps que les carottes soient tendres. Ajoutez le curcuma râpé et le jus d'orange fraîchement pressé, poivrez.

❒ À l'aide d'un blender (ou d'un mixeur plongeant), mixez les carottes. Ajoutez un peu d'eau si la moulinée vous semble trop épaisse. Goûtez et rectifiez l'assaisonnement. Servez aussitôt.

BLANQUETTE DE VEAU

POUR 4 PERSONNES • PRÉPARATION : 10 MIN • CUISSON : 2 H

750 g de veau coupé en cubes + 3 carottes pelées et coupées en rondelles
2 navets coupés en morceaux + 1 gros oignon coupé en deux
100 g de champignons de Paris coupés en deux + 20 g de beurre + 2 cuil. à soupe de farine
60 cl de bouillon de volaille + 20 cl de vin blanc + 1 bouquet garni + 150 g de crème fraîche
1 jaune d'œuf + Sel et poivre

❒ Salez et poivrez la viande, puis faites-la revenir dans une cocotte avec le beurre jusqu'à ce qu'elle soit légèrement dorée. Saupoudrez de farine et remuez.

❒ Versez le bouillon et le vin. Ajoutez l'oignon et le bouquet garni et faites cuire 1 heure, à feu moyen et à couvert.

❒ Ajoutez les carottes et les navets et poursuivez la cuisson 45 minutes.

❒ Ajoutez les champignons et laissez cuire encore 15 minutes.

❒ Mélangez la crème et le jaune d'œuf.

❒ Retirez la cocotte du feu. Ajoutez la crème à la sauce et mélangez.

PAUPIETTES DE VEAU

POUR 6 PERSONNES • PRÉPARATION : 40 MIN • CUISSON : 35 MIN

600 g de veau en 6 escalopes + 200 g de viande de porc haché
200 g de légumes : ½ branche de céleri, ½ carotte, ½ courgette
1 gousse d'ail épluchée et dégermée + 3 cuil. à soupe d'huile d'olive
2 cuil. à soupe de vin blanc + 2 branches de sauge ou de romarin (facultatif)
Sel et poivre

❐ Nettoyez, puis coupez les légumes en petits cubes. Mettez le porc haché dans un saladier et mélangez-y les légumes. Salez et poivrez.

❐ Répartissez la farce sur les escalopes bien aplaties et roulez-les pour bien enfermer la farce. Ficelez-les.

❐ Mettez l'huile dans une cocotte sur feu vif. Faites dorer les paupiettes de toutes parts pendant 5 à 10 minutes, puis déglacez au vin blanc. Continuez la cuisson, après avoir ajouté la sauge, à couvert, sur feu moyen, pendant 30 minutes, sinon au four préchauffé à 180 °C (th. 6).

ESCALOPES DE VEAU ÉPINARDS-CHAMPIGNONS

POUR 4 PERSONNES • PRÉPARATION : 8 MIN • CUISSON : 10 MIN

4 escalopes de veau de 150 g chacune + 600 g de champignons de Paris
400 g d'épinards + 2 gousses d'ail + ¼ de botte de persil + 2 filets d'huile d'olive
Sel et poivre

- Équeutez, lavez et coupez grossièrement les champignons et les épinards. Épluchez et hachez l'ail et le persil.
- Faites revenir dans une poêle à feu vif les champignons, les épinards, l'ail et le persil avec un filet d'huile d'olive pendant 7 minutes.
- Faites revenir les escalopes de veau 3 minutes sur chaque face avec l'huile d'olive restante, du sel et du poivre. Ajoutez un peu d'eau en fin de cuisson pour obtenir un petit jus.
- Servez les escalopes de veau avec le mélange épinards-champignons, puis arrosez avec le jus.

RÔTI DE VEAU, CHAMPIGNONS, COQUILLETTES

POUR 4-6 PERSONNES • PRÉPARATION : 20 MIN • CUISSON : 1 H 10

1 rôti de veau bardé et ficelé de 1 kg environ + 500 g de champignons de Paris
500 g de coquillettes + 2 gros oignons ou 6 échalotes + 4 gousses d'ail
2 feuilles de laurier ou 2 branches de sauge
2 cuil. à soupe d'huile d'olive ou l'équivalent en graisse d'oie + Sel et poivre

❐ Préchauffez le four à 180 °C (th. 6). Dans une cocotte en fonte ou une casserole à fond épais, faites revenir le rôti salé et poivré dans 1 cuillerée d'huile. Faites dorer de toutes parts. Retirez ensuite la viande de la cocotte, jetez la matière grasse et rincez la cocotte au besoin à l'eau chaude pour retirer les matières grasses brûlées.

❐ Nettoyez les légumes. Émincez les oignons et coupez les champignons en quatre.

❐ Mettez dans la cocotte le reste d'huile avec les oignons, les champignons, les gousses d'ail en chemise (non pelées) et les feuilles de laurier. Mélangez à la cuillère en bois. Posez la viande sur la garniture et enfournez pour 1 heure après avoir baissé le four à 160 °C (th. 5-6).

❐ Pendant ce temps, faites cuire les coquillettes encore fermes dans de l'eau salée. Ajoutez-les ensuite dans la cocotte pour la dernière demi-heure de cuisson.

BOURGUIGNON

POUR 4 PERSONNES • PRÉPARATION : 15 MIN • CUISSON : 2 H

1 kg de collier et bretelle de bœuf + 2 oignons + 15 pruneaux + 1 bouquet garni
1,5 l de vin rouge (de type bourgogne-passetoutgrain) + 2 carrés de chocolat noir
50 g de beurre + 2 cuil. à soupe de farine + Sel et poivre

❒ Versez le vin dans une casserole, faites chauffer à feu vif et flambez. Réservez.

❒ Épluchez les oignons et émincez-les.

❒ Dans une cocotte, faites fondre le beurre à feu moyen, ajoutez les oignons et laissez-les blondir en remuant avec une cuillère en bois. Lorsqu'ils sont dorés, ajoutez la farine, faites un roux en remuant bien, versez le vin et mélangez soigneusement au fouet pour éviter les grumeaux. Laissez refroidir.

❒ Lorsque le fond de sauce est froid, ajoutez dans la cocotte la viande, les pruneaux, le chocolat et le bouquet garni. Couvrez et laissez cuire 2 heures à feu très doux, en remuant de temps en temps pour que la viande n'accroche pas.

POT-AU-FEU

POUR 4 PERSONNES • PRÉPARATION : 5 MIN • CUISSON : 2 H

400 g de plat de côtes + 600 g de gîte + 4 morceaux d'os à moelle
1 blanc de poireau coupé en tronçons + 2 carottes coupées en tronçons
2 navets coupés en quatre + 480 g de pommes de terre épluchées et coupées en morceaux
1 oignon + 1 gousse d'ail pelée et coupée en deux + 3 clous de girofle + 1 bouquet garni
Sel et poivre

❒ Versez 2 l d'eau dans une cocotte, ajoutez les deux viandes, l'oignon piqué des clous de girofle, l'ail et le bouquet garni, portez à ébullition, puis salez et poivrez.

❒ Baissez le feu et laissez cuire à petit frémissement 1 h 30.

❒ Ajoutez tous les légumes et laissez cuire encore 30 minutes.

❒ Ajoutez les os à moelle 10 minutes avant la fin de la cuisson.

TARTARE DE BŒUF

POUR 4 PERSONNES • PRÉPARATION : 10 MIN

440 g de steak haché + 1 dizaine de cornichons hachés + 2 cuil. à soupe de câpres hachées
2 oignons nouveaux hachés finement + 2 cuil. à soupe de persil haché
1 cuil. à soupe de moutarde + 1 cuil. à soupe de sauce Worcestershire
1 cuil. à soupe d'huile d'olive + 4 jaunes d'œufs + Sel et poivre

❒ Mélangez tous les ingrédients, sauf la viande et les jaunes d'œufs, et réservez-en une moitié.

❒ Ajoutez l'autre moitié à la viande, mélangez bien et formez 4 palets.

❒ Répartissez le hachis réservé sur le dessus des palets.

❒ Déposez 1 jaune d'œuf sur chacun d'eux.

CARPACCIO DE RÔTI DE BŒUF

POUR 4 PERSONNES • PRÉPARATION : 8 MIN

400 g de restes de rôti (ou 4 carpaccios de bœuf du boucher)
20 g de pecorino ou de parmesan en bloc + 1 poignée de roquette + 1 échalote
2 cuil. à soupe de câpres + ¼ de botte de persil + Le jus de 1 citron jaune
1 filet d'huile d'olive + Sel et poivre

❒ Taillez finement le rôti de bœuf. Disposez les tranches de rôti dans 4 grandes assiettes.

❒ Épluchez et hachez l'échalote. Ciselez le persil.

❒ Taillez le pecorino ou le parmesan en copeaux à l'aide d'un épluche-légumes.

❒ Agrémentez les assiettes avec l'échalote, les câpres, les copeaux de pecorino, le persil et la roquette. Assaisonnez les carpaccios de jus de citron et d'huile d'olive. Salez et poivrez.

CHILI CON CARNE

POUR 4-6 PERSONNES • PRÉPARATION : 15 MIN • CUISSON : 30 MIN

400 g de viande de bœuf hachée + 40 cl de coulis de tomates nature
500 g de haricots rouges en boîte au naturel + 1 oignon + 1 gousse d'ail + 1 clou de girofle
1 cuil. à café d'origan + 1 cuil. à café de cumin + 1 pincée de sucre en poudre
1 cuil. à soupe de Tabasco® (plus ou moins selon votre goût)
2 cuil. à soupe d'huile de votre choix + Sel et poivre
Pour servir : 1 bouquet de coriandre fraîche + Avocat + Crème fraîche épaisse + Citron

❒ Rincez les haricots et égouttez-les.

❒ Pelez et hachez l'oignon et l'ail. Faites-les dorer, dans une sauteuse, dans un filet d'huile, puis ajoutez la viande. Faites-la rissoler. Ajoutez le cumin.

❒ Ajoutez le coulis de tomates, le clou de girofle, l'origan, le sucre et le Tabasco®. Couvrez et laissez mijoter 10 minutes. Ajoutez les haricots rouges, salez, poivrez, mélangez et laissez chauffer 10 minutes.

❒ Pendant ce temps, émincez la coriandre. Coupez l'avocat et le citron en morceaux. Disposez-les dans des bols, tout comme la crème.

❒ Portez le chili à table, que chacun accommodera à son goût de crème, de coriandre ou de citron, et accompagnez le plat éventuellement de riz blanc.

NAVARIN D'AGNEAU

POUR 4 PERSONNES • PRÉPARATION : 15 MIN • CUISSON : 1 H 15

600 g d'épaule d'agneau désossée, dégraissée et coupée en gros cubes
300 g de petits pois écossés (frais ou surgelés)
300 g de haricots verts équeutés (frais ou surgelés) + 4 carottes (environ 400 g)
4 navets (environ 200 g) + 1 noix de margarine spécial cuisson
½ boîte de pulpe de tomates (200 g) + ½ botte d'oignons nouveaux + 1 gousse d'ail
1 bouquet garni + 20 g de farine + 1 cuil. à soupe d'huile d'arachide + Sel et poivre

❒ Pelez et hachez l'ail. Épluchez les oignons et coupez leur tige à 3 cm du bulbe.

❒ Faites chauffer l'huile et la margarine dans une grande cocotte et faites-y dorer les morceaux d'agneau. Lorsqu'ils sont bien colorés, saupoudrez-les de farine et enrobez-les en remuant à l'aide d'une cuillère en bois. Ajoutez l'ail, les oignons, la pulpe de tomates et le bouquet garni. Salez, poivrez et couvrez d'eau à hauteur. Portez à ébullition, couvrez et laissez mijoter 35 minutes.

❒ Lavez et épluchez les carottes et les navets. Coupez les carottes en grosses rondelles (2 à 3 mm d'épaisseur), les navets en cubes et les haricots verts en tronçons de 2 à 3 cm. Ajoutez les carottes, les navets, les haricots verts et les petits pois dans la cocotte et poursuivez la cuisson 20 minutes à feu doux. Ôtez le bouquet garni, poivrez, mélangez et servez bien chaud.

CÔTELETTES D'AGNEAU LÉGUMES VERTS

POUR 4 PERSONNES • PRÉPARATION : 8 MIN • CUISSON : 15 MIN

12 côtelettes d'agneau + 300 g de petits pois + 1 courgette + 1 oignon jaune
2 gousses d'ail + 1 filet d'huile d'olive + Sel et poivre

❒ Faites cuire les côtelettes d'agneau 3 minutes de chaque côté dans une poêle avec l'huile d'olive, du sel et du poivre.

❒ Épluchez et émincez l'oignon et l'ail. Coupez la courgette en petits morceaux.

❒ Retirez l'agneau, ajoutez l'oignon et l'ail dans la poêle et faites cuire 4 minutes.

❒ Ajoutez la courgette et les petits pois et prolongez la cuisson de 5 minutes.

❒ Servez les côtelettes d'agneau avec les légumes verts.

POTÉE

POUR 4-6 PERSONNES • PRÉPARATION : 15 MIN • CUISSON : 50 MIN

1 chou vert + 3 carottes + 1 poireau + 4 saucisses à cuire (type diots)
4 tranches épaisses de poitrine de porc fumée + 1 gros oignon + 1 clou de girofle
6 pommes de terre + 1 bouquet garni + 1 gousse d'ail en chemise

❐ Lavez le chou, ôtez ses feuilles extérieures trop abîmées. Coupez-le en quartiers.

❐ Pelez les carottes, coupez-les en biais. Pelez les pommes de terre et coupez-les en deux si nécessaire. Fendez le poireau et lavez-le soigneusement. Piquez l'oignon avec le clou de girofle.

❐ Portez à ébullition dans une casserole 2 l d'eau. Plongez le chou, les carottes, l'oignon, la poitrine de porc, le poireau, le bouquet garni et l'ail. Couvrez et laissez cuire 30 minutes.

❐ Ajoutez les saucisses et les pommes de terre. Laissez encore cuire 20 minutes, jusqu'à ce que les pommes de terre soient tendres.

CHOUCROUTE

POUR 4 PERSONNES • PRÉPARATION : 15 MIN • CUISSON : 2 H

800 g de choucroute crue + 400 g de pommes de terre + 300 g de lard de poitrine fumée
400 g de palette de porc fumée + 4 saucisses de Strasbourg (knacks) + 1 saucisson à cuire
1 oignon + 2 gousses d'ail + 35 cl de vin blanc ou de bière blonde + 25 cl de bouillon de bœuf + 1 cuil. à soupe de graisse animale (saindoux, graisse de canard ou d'oie)
5 baies de genièvre + ½ cuil. à café de graines de cumin (facultatif) + 1 feuille de laurier
Sel et poivre

❒ Rincez la choucroute. Pelez et émincez finement l'oignon et l'ail. Faites fondre sur feu doux dans une grande cocotte la graisse animale. Faites-y revenir l'oignon et l'ail sans coloration.

❒ Ajoutez la choucroute, le lard, le vin blanc, le bouillon, les baies de genièvre, le laurier et le cumin. Salez et poivrez. Portez à ébullition puis baissez le feu, couvrez et laissez mijoter de 1 h 30 à 2 heures, selon que vous aimiez la choucroute plus ou moins fondante.

❒ Pendant ce temps, faites pocher à l'eau bouillante salée dans une casserole la palette de porc et le saucisson pendant 45 minutes. Ajoutez les saucisses de Strasbourg et laissez encore cuire 5 minutes.

❒ Faites cuire les pommes de terre pelées à la vapeur ou à l'eau bouillante salée. Égouttez les charcuteries et les pommes de terre. Disposez choucroute, charcuteries et pommes de terre dans un plat et servez chaud.

CASSOULET

POUR 4-6 PERSONNES • PRÉPARATION : 15 MIN • REPOS : 1 NUIT

CUISSON : 2 H 30

500 g de haricots blancs (haricot de Castelnaudary, haricot tarbais, mojette…)
200 g de poitrine de porc + 400 g d'épaule d'agneau désossée + 400 g d'échine de porc
200 g de couenne de porc coupée en morceaux + 3 confits de canard
1 saucisson à l'ail pelé et coupé en tranches épaisses
3 tomates épépinées coupées en morceaux + 40 cl de vin blanc + 40 cl de bouillon
1 oignon pelé, piqué de 1 clou de girofle + 2 carottes pelées et coupées en gros morceaux
5 gousses d'ail + 1 cuil. à soupe de concentré de tomates + 1 cuil. à soupe de graisse d'oie ou de canard + 4 cuil. à soupe de chapelure + 1 bouquet garni + Sel et poivre

❐ La veille, mettez les haricots blancs dans un grand saladier d'eau et laissez-les tremper toute la nuit.

❐ Égouttez-les, rincez-les et placez-les dans une cocotte. Couvrez-les d'eau froide. Ajoutez l'oignon entier piqué du clou de girofle, les carottes, la poitrine de porc, la couenne, l'ail non pelé et le bouquet garni.

❐ Portez à ébullition. Écumez et laissez cuire 1 heure. Égouttez le tout, réservez.

❐ Lavez et séchez la cocotte. Faites chauffer la graisse et laissez-y revenir l'échine, l'épaule et la couenne. Ajoutez le vin blanc, le bouillon, les tomates, les haricots, le concentré de tomates. Salez et poivrez. Portez à ébullition et laissez cuire 45 minutes.

❐ Ajoutez les confits et le saucisson à l'ail. Laissez encore cuire 30 minutes en surveillant attentivement pour que les haricots n'accrochent pas.

❐ Disposez le cassoulet dans un grand plat. Parsemez-le de chapelure et faites-le gratiner 5 minutes sous le gril du four.

COUSCOUS ROYAL

POUR 6-8 PERSONNES • PRÉPARATION : 30 H • CUISSON : 1 H

Pour la semoule : 400 g de semoule de couscous + 1 cuil. à café de sel + 50 g de beurre
Pour le ragoût et la viande : 600 g d'épaule d'agneau en morceaux + 1 poulet fermier coupé en 6 morceaux + 6 merguez + 200 g de pois chiches en conserve, rincés + 3 navets 3 carottes + 3 courgettes ou 1 tranche de potiron + 3 tomates (ou 1 boîte de tomates entières) + 2 oignons + ¼ de chou vert + 1 branche de céleri + 10 brins de persil plat 10 brins de coriandre fraîche + 80 g de raisins secs + 1 cuil. à café de concentré de tomates ½ cuil. à café de paprika + ½ cuil. à café de gingembre + 2 bâtons de cannelle ¼ de cuil. à café de safran + 1 cuil. à café de cumin + 4 cuil. à soupe d'huile + Sel et poivre

❒ Épluchez et lavez tous les légumes. Coupez-les en gros morceaux. Lavez les herbes.

❒ Préparez le bouillon : dans une cocotte ou le bas d'un couscoussier, faites dorer l'épaule d'agneau dans l'huile. Ajoutez les épices, le céleri, les oignons, les tomates, le persil et la coriandre, du sel et du poivre. Couvrez en ajoutant 3 l d'eau et portez à ébullition.

❒ Avec un couscoussier, utilisez le panier supérieur pour faire cuire la semoule humectée d'eau salée dès à présent. Laissez cuire 20 minutes, puis ajoutez les morceaux de poulet. Attendez encore 10 minutes et ajoutez les navets, les carottes, le chou, les raisins secs et le concentré de tomates. Laissez cuire 10 minutes. Ajoutez les courgettes, vérifiez le niveau d'eau et laissez cuire encore 10 minutes. Ajoutez les pois chiches et laissez cuire 5 minutes.

❒ Sans couscoussier, préparez la semoule selon les instructions du paquet. Beurrez-la généreusement et mélangez bien.

❒ Faites griller les merguez à la poêle.

❒ Disposez le couscous dans un plat avec les légumes. Arrosez de bouillon. Servez les morceaux d'épaule d'agneau dans un autre plat avec le poulet et les merguez.

BOUDIN SAUTÉ AUX POMMES

POUR 4 PERSONNES • PRÉPARATION : 20 MIN • CUISSON : 15 MIN

300 g de boudin noir + 2 pommes + ½ citron + 1 pincée de cannelle
1 cuil. à soupe d'huile de tournesol + Sel et poivre

❒ Pelez les pommes et coupez-les en dés. Mettez-les dans une casserole et arrosez-les légèrement de jus de citron. Salez, poivrez, ajoutez la cannelle, puis faites-les cuire 10 minutes avec un fond d'eau. Écrasez légèrement les pommes à la fourchette et gardez au chaud.

❒ Coupez le boudin en rondelles de 5 mm d'épaisseur à l'aide d'un couteau très tranchant.

❒ Faites chauffer l'huile dans une large poêle antiadhésive. Ajoutez les rondelles de boudin et faites-les dorer à feu moyen 2 minutes sur chaque face.

❒ Servez les tranches de boudin sur la compote de pommes, accompagnées d'une purée maison.

PETIT SALÉ AUX LENTILLES

POUR 4 PERSONNES • PRÉPARATION : 10 MIN • TREMPAGE : 4 H
CUISSON : 2 H

1 kg de viande de porc demi-sel : échine, travers, palette + 4 tranches de lard fumé
250 g de lentilles vertes du Puy + 1 carotte + 1 oignon + 1 gousse d'ail + 2 clous de girofle
1 bouquet garni + Sel et poivre

❒ Si votre boucher ne l'a pas fait, dessalez la viande. Faites-la tremper 2 heures dans une grande quantité d'eau, égouttez-la, rincez-la, et faites-la tremper à nouveau 2 heures.

❒ Pelez l'oignon et la carotte. Piquez les clous de girofle dans l'oignon. Coupez la carotte en rondelles.

❒ Égouttez la viande, placez-la dans une grande casserole, recouvrez-la d'eau froide. Portez à ébullition et laissez cuire à petits bouillons 1 h 30.

❒ Placez les lentilles dans une cocotte avec le lard fumé, la carotte, l'oignon, l'ail non pelé et le bouquet garni. Couvrez d'eau froide et portez à ébullition. Écumez puis baissez le feu et laissez cuire à couvert de 25 à 40 minutes en remuant régulièrement et en goûtant

pour vérifier la cuisson des lentilles. Salez légèrement et poivrez.

❒ Servez les lentilles avec la viande.

FILET MIGNON À L'AIL

POUR 4 PERSONNES • PRÉPARATION : 20 MIN • CUISSON : 40 MIN

1 filet mignon de porc de 600 à 800 g + 10 gousses d'ail + 20 g de beurre
15 cl de crème liquide + 1 cuil. à soupe d'huile neutre + Sel et poivre

❒ Pelez et coupez en deux les gousses d'ail. Plongez-les 3 minutes dans une casserole d'eau bouillante, puis égouttez-les. Renouvelez deux fois l'opération. Mettez les gousses d'ail dans une casserole avec la crème, portez à la limite de l'ébullition, et laissez cuire de 10 à 15 minutes à petit frémissement. Mixez l'ensemble. Réservez.

❒ Faites chauffer le beurre et l'huile dans une cocotte. Salez et poivrez le filet mignon, et faites-le dorer à feu assez vif, en le retournant plusieurs fois. Baissez le feu et faites cuire de 12 à 15 minutes, en retournant la viande une ou deux fois. Sortez le filet mignon, tranchez-le en médaillons, et déposez-les dans un plat. Couvrez et réservez au chaud.

❒ Dans la cocotte placée à feu vif, versez 2 cuillerées à soupe d'eau chaude et raclez bien les sucs de cuisson. Ajoutez la crème à l'ail, remuez et faites cuire quelques instants. Rectifiez l'assaisonnement, et nappez la viande de sauce.

POULE AU POT SAUCE SUPRÊME

POUR 6 PERSONNES • PRÉPARATION : 40 MIN • CUISSON : 1 H 30

1 petite poule avec son foie + 2 jaunes d'œufs + 15 cl de crème liquide + 50 g de beurre
4 carottes + 4 poireaux + 1 bouquet garni + 1 oignon + 3 clous de girofle
10 g de fécule de maïs + Noix de muscade + Sel et poivre
Pour la farce : 150 g de chair à saucisse + 1 œuf + 1 échalote + 1 gousse d'ail
2 cuil. à soupe de persil ciselé + 40 g de pain de mie sans croûte + 5 cl de lait

❐ Mouillez la mie avec le lait. Pelez et émincez finement l'échalote et l'ail. Hachez le foie de la poule au couteau, mélangez-le avec la chair à saucisse, l'échalote, l'ail, le persil, la mie de pain, l'œuf entier battu, du sel et du poivre. Farcissez la poule et fermez l'ouverture avec 2 piques en bois.

❐ Épluchez l'oignon, piquez-le des clous de girofle. Mettez la poule dans une cocotte avec l'oignon et le bouquet garni, couvrez d'eau, portez à frémissement et écumez. Salez et poivrez. Liez les poireaux en botte, ajoutez-les dans la cocotte ainsi que les carottes pelées, et laissez mijoter 1 h 30 à couvert.

❐ Passez 40 cl du bouillon au chinois et faites-le réduire de moitié. Mélangez les jaunes d'œufs, la crème, la noix de muscade et la fécule de maïs délayée dans un peu d'eau. Versez le tout dans le bouillon et faites épaissir à feu très doux en remuant. Incorporez le beurre en fouettant, salez, poivrez. Servez la poule en morceaux, entourée de farce et de légumes, et la sauce en saucière.

COQ AU VIN

POUR 6 PERSONNES • PRÉPARATION : 25 MIN • CUISSON : 2 H 15

1 coq, 1 gros poulet ou 1 poule de 2 kg environ, en morceaux + 125 g de lardons maigres
200 g de petits champignons + 12 petits oignons blancs + 1 gousse d'ail + 1 bouquet garni
120 g de beurre + 30 g de farine + 1 morceau de sucre + 1 l de vin rouge
1 petit verre de marc (de Bourgogne, d'Alsace...) + Sel et poivre

❐ Dans une cocotte, faites fondre les lardons avec 50 g de beurre, puis ajoutez les petits oignons parés et faites-les rissoler 10 minutes. Retirez et réservez les oignons et les lardons. À la place, mettez les morceaux de volaille et faites-les dorer de tous côtés, salez et poivrez. Arrosez avec le marc chauffé et flambez. Retirez les morceaux de volaille et réservez.

❐ Dans une petite casserole, faites chauffer le vin avec le morceau de sucre. Remettez dans la cocotte les oignons et les lardons, poudrez avec 15 g de farine et mélangez. Ajoutez les morceaux de volaille, puis versez le vin rouge. Pelez l'ail et pressez-le, ajoutez-le ainsi que le bouquet garni, et laissez mijoter 1 h 30 à couvert.

❐ Faites sauter à part les champignons émincés dans 50 g de beurre. Ajoutez-les dans la cocotte et laissez cuire encore 30 minutes.

❐ Mélangez les restes de beurre et de farine. Incorporez ce beurre manié au contenu de la cocotte en fouettant. Servez chaud après avoir retiré le bouquet garni.

CANARD À L'ORANGE

POUR 6 PERSONNES • PRÉPARATION : 20 MIN • CUISSON : 1 H

1 canard de 2 kg environ, prêt à cuire + 2 oranges non traitées + 30 g de beurre
2 cuil. à soupe de sucre en poudre
20 cl de fond de veau ou de volaille (frais ou préparé avec du concentré)
5 cl de Grand Marnier (ou de Cointreau) + 2 cuil. à soupe de vinaigre de vin + Sel et poivre

❐ Prélevez finement le zeste des oranges. Plongez-le 5 minutes dans une casserole d'eau bouillante, puis égouttez-le sur du papier absorbant. Pressez ensuite les oranges et conservez le jus.

❐ Faites fondre le beurre dans une cocotte. Essuyez le canard, salez et poivrez l'intérieur et l'extérieur, puis posez-le dans la cocotte et faites-le dorer de tous côtés, à feu modéré, en le retournant plusieurs fois. Baissez le feu, parsemez la moitié du zeste d'orange, couvrez et laissez cuire 45 minutes.

❐ Préchauffez le four à 90 °C (th. 3). Sortez le canard de la cocotte, découpez-le et déposez les morceaux dans un plat chaud. Couvrez et glissez le plat dans le four pour le maintenir au chaud. Récupérez le jus écoulé et ajoutez-le dans la cocotte. Mettez la cocotte à feu moyen. Versez le Grand Marnier et le fond de veau, et portez à ébullition, en grattant avec une cuillère en bois pour récupérer les sucs. Laissez bouillir quelques instants et filtrez.

❐ Faites chauffer le vinaigre et le sucre dans une petite casserole. Quand le mélange commence à caraméliser légèrement, ajoutez le jus d'orange et le reste du zeste, le jus de cuisson au Grand Marnier, mélangez bien et portez à ébullition à feu doux. Laissez cuire à petits bouillons jusqu'à l'obtention d'une consistance sirupeuse. Rectifiez l'assaisonnement et nappez le canard d'un peu de sauce. Servez le reste séparément.

LAPIN À LA MOUTARDE

POUR 4 PERSONNES • PRÉPARATION : 5 MIN • CUISSON : 50 MIN

1 lapin de 1,5 kg, coupé en morceaux + 3 échalotes + 3 cuil. à soupe de crème fraîche
50 g de beurre + 3 cuil. à soupe de moutarde de Dijon
2 cuil. à soupe de moutarde à l'ancienne + 12 cl de vin blanc + Sel et poivre

❒ Faites chauffer le beurre dans une cocotte, déposez les morceaux de lapin et faites-les colorer doucement. Salez et poivrez, ajoutez les échalotes finement ciselées et mélangez.

❒ Dans un bol, délayez les moutardes avec le vin blanc. Versez ce mélange dans la cocotte, couvrez et faites cuire 35 minutes environ à feu doux.

❒ En fin de cuisson, ajoutez la crème fraîche et mélangez délicatement. Rectifiez l'assaisonnement et servez dans un plat creux bien chaud.

PÂTES BOLOGNAISE

POUR 4 PERSONNES • PRÉPARATION : 10 MIN • CUISSON : 15 MIN

400 g de pâtes type linguine ou spaghettis + 500 g de tomates cerises
200 g de viande de bœuf hachée + 1 oignon rouge + 3 gousses d'ail
2 cuil. à soupe rase d'origan en poudre + 1 filet d'huile d'olive + Sel et poivre

❐ Faites chauffer une grande casserole d'eau salée et faites cuire les pâtes le temps indiqué sur le paquet.

❐ Épluchez l'oignon et l'ail, puis hachez-les.

❐ Faites revenir à la poêle l'oignon et l'ail dans l'huile d'olive avec du sel et du poivre pendant 5 minutes. Ajoutez la viande de bœuf, les tomates et l'origan. Prolongez la cuisson de 10 minutes.

❐ Versez la sauce sur les pâtes. Salez et poivrez.

SPAGHETTIS AU PESTO EXPRESS

POUR 4 PERSONNES • PRÉPARATION : 10 MIN • CUISSON : 5 MIN

250 g de spaghettis + 5 tiges de basilic + 1 gousse d'ail + 2 cuil. à soupe de parmesan
1 cuil. à soupe de pignons + 2 cuil. à soupe d'huile d'olive + Sel et poivre

❒ Portez à ébullition 3 l d'eau additionnée de sel dans une grande cocotte.

❒ Rincez le basilic, puis épongez-le soigneusement. Pelez la gousse d'ail. Hachez finement le basilic et l'ail, puis versez-les dans un mortier. Ajoutez l'huile, le parmesan, du sel, du poivre et les pignons. Écrasez le tout avec un pilon pour obtenir une sauce épaisse.

❒ Faites cuire les pâtes 3 à 5 minutes à forte ébullition (ou le temps de cuisson indiqué sur le paquet). Égouttez les pâtes, puis versez-les dans un saladier. Nappez de sauce, mélangez et servez aussitôt. Accompagnez d'une viande blanche ou d'un poisson grillé.

MACARONIS ET CHEESE

POUR 4 PERSONNES • PRÉPARATION : 20 MIN • CUISSON : 45 MIN

650 g de macaronis + 600 g de morbier ou d'entre-deux
100 g de fromage sec râpé type comté vieux, chèvre sec, parmesan + 75 cl de lait
20 cl de crème fleurette + ½ cuil. à café de muscade + Poivre

❒ Découpez le morbier en petits morceaux. Mettez le lait et la crème à chauffer. Ajoutez le fromage pour le faire fondre. Assaisonnez de muscade et de poivre, mais pas de sel, car le fromage en apporte assez à la sauce.

❒ Dans le même temps, mettez les pâtes à cuire pour 10 minutes environ. Préchauffez le four à 180 °C (th. 6).

❒ Ajoutez les pâtes égouttées à la sauce au morbier et versez le tout dans un plat à gratin. Saupoudrez de fromage sec râpé et mettez au four pour 20 minutes. Puis passez en mode gril pour faire croûter le gratin quelques minutes, sous haute surveillance.

HACHIS PARMENTIER

POUR 4-6 PERSONNES • PRÉPARATION : 30 MIN • CUISSON : 45 MIN

600 g de viande de bœuf cuite de préférence (reste de pot-au-feu, bœuf braisé) ou à défaut 600 g de bœuf haché cru + 1 oignon + 1 gousse d'ail
2 cuil. à soupe de concentré de tomates + 1 feuille de laurier + 1 branche de thym
1 cuil. à soupe d'huile de votre choix + 1 kg de pommes de terre + 40 g de beurre
5 cl de crème liquide + Chapelure ou fromage râpé (facultatif) + Noix de muscade
Sel et poivre

❒ Pelez et lavez les pommes de terre. Coupez-les en morceaux si elles sont grosses. Faites-les cuire à l'eau bouillante salée pendant 30 minutes environ. Pendant ce temps, pelez et émincez finement l'oignon et l'ail. Si vous utilisez de la viande cuite, hachez-la.

❒ Faites revenir dans une poêle l'huile chaude avec l'ail et l'oignon. Ajoutez la viande et faites-la revenir 3 à 4 minutes. Ajoutez le concentré de tomates, 5 cl d'eau, le thym et le laurier. Salez, poivrez et laissez mijoter sur feu doux 2 minutes si la viande est déjà cuite, 8 minutes si elle est crue. Réservez au chaud.

❒ Préparez la purée. Faites chauffer dans une casserole le beurre et la crème ensemble, salez, poivrez et ajoutez un peu de noix de muscade. Égouttez les pommes de terre et écrasez-les à l'aide d'un presse-purée ou à la fourchette. Ajoutez ensuite le beurre et la crème chauds en mélangeant bien.

❒ Préchauffez le four à 210 °C (th. 7).

❒ Dans un plat à gratin, étalez la moitié de la purée. Recouvrez de viande juteuse (pensez à enlever le thym et le laurier) puis de la purée restante. Rayez la surface de la purée à l'aide d'une fourchette. Parsemez de chapelure ou de fromage râpé selon votre goût.

❒ Enfournez pour 10 minutes environ, en surveillant attentivement, jusqu'à ce que le hachis soit doré.

GRATIN DAUPHINOIS

POUR 4 PERSONNES • PRÉPARATION : 15 MIN • CUISSON : 55 MIN

1 kg de pommes de terre à gratin (type agata, agria, artemis, bintje, manon)
1 l de lait entier (frais de préférence) + 2 gousses d'ail + 1 feuille de laurier + 20 g de beurre
Noix de muscade + Gros sel, sel et poivre

❒ Épluchez et lavez les pommes de terre. Pelez les gousses d'ail. Coupez les pommes de terre en rondelles très fines (3 à 4 mm) à l'aide d'un robot ou d'une mandoline. Ne les lavez pas et ne les essuyez pas : c'est l'amidon qu'elles contiennent qui va faire tout le moelleux du gratin.

❒ Versez le lait dans une cocotte avec le laurier, 1 cuillerée à café de gros sel, quelques grains de poivre, 1 gousse d'ail entière et portez le tout à ébullition. Plongez-y les pommes de terre et laissez cuire 10 minutes à partir de la reprise de l'ébullition. Remuez deux à trois fois pour éviter que le mélange n'attache.

❒ Préchauffez le four à 180 °C (th. 6).

❒ Avec la gousse d'ail restante, frottez généreusement un grand plat à gratin. Beurrez-le.

❒ À l'aide d'une écumoire, récupérez les pommes de terre précuites. Posez-les en couches régulières dans le plat : moins le gratin est épais, plus il cuira vite. Filtrez le liquide de cuisson qui doit avoir épaissi : goûtez-le, salez-le et poivrez-le si nécessaire, ajoutez un peu de noix de muscade râpée. Recouvrez les pommes de terre de ce liquide de cuisson jusqu'au ras du plat – vous n'aurez certainement pas besoin de tout.

❒ Enfournez et faites cuire pendant 45 minutes, jusqu'à ce que le gratin soit bien doré et le liquide absorbé.

LASAGNES

POUR 4 PERSONNES • PRÉPARATION : 30 MIN • CUISSON : 45 MIN

12 à 15 feuilles de lasagnes sèches, précuites
100 g de fromage à pâte dure fraîchement râpé (emmental, comté, cantal, parmesan...) ou de fromages mélangés + Beurre pour le plat
Pour la sauce blanche : 50 cl de lait + 50 g de farine + 2 cuil. à soupe d'huile d'olive
Sel, poivre, noix de muscade
Pour la sauce tomate à la viande : 400 g de viande de bœuf haché ou moitié porc, moitié bœuf + 60 cl de coulis de tomates + 10 cl de vin rouge + 1 oignon + 1 carotte
1 gousse d'ail + 1 feuille de laurier + 1 cuil. à café de sucre en poudre
1 cuil. à soupe d'huile d'olive

❒ Préchauffez le four à 180 °C (th. 6).

❒ Préparez la sauce à la viande. Pelez et hachez l'oignon, la carotte et l'ail. Dans une sauteuse, faites-les revenir dans l'huile d'olive, puis ajoutez la viande. Mélangez jusqu'à ce qu'elle soit colorée. Ajoutez le vin, le coulis de tomates, le sucre, le laurier. Portez à ébullition, couvrez et laissez mijoter 15 minutes.

❒ Préparez la sauce blanche pendant que la sauce à la viande mijote. Mélangez dans une casserole l'huile d'olive et la farine. Faites chauffer sur feu moyen 1 à 2 minutes en mélangeant constamment, sans que la préparation ne colore. Ajoutez le lait froid en fouettant, et faites cuire sur feu vif en mélangeant sans cesse jusqu'à ce que la sauce épaississe. Assaisonnez de sel, poivre et de noix de muscade.

❒ Beurrez légèrement un grand plat à gratin et montez les couches en alternant sauce à la viande, feuilles de lasagnes et sauce blanche. Saupoudrez la dernière couche de fromage râpé.

❒ Enfournez pour 30 minutes et servez avec une salade verte.

AUBERGINES À LA BONIFACIENNE

POUR 4 PERSONNES • PRÉPARATION : 15 MIN • CUISSON : 45 MIN

5 à 6 aubergines (selon la grosseur) + 150 g de tomme de brebis corse (mélange de tomme jeune et de tomme affinée) + 2 œufs + 50 cl de lait + 1 botte de basilic 2 gousses d'ail + ½ baguette de pain + Huile d'olive + Sel et poivre

❒ Râpez la tomme de brebis. Épluchez les gousses d'ail et hachez-les.

❒ Dans une casserole, faites bouillir de l'eau. Lavez les aubergines, enlevez le pédoncule, coupez-les en deux dans le sens de la longueur, plongez-les dans l'eau bouillante et laissez-les cuire 10 minutes à feu doux. Pendant ce temps, coupez la baguette en petits morceaux et mettez-les à tremper dans le lait.

❒ Sortez les aubergines de l'eau, égouttez-les et retirez leur chair avec une cuillère à café : procédez très délicatement car il ne faut surtout pas percer la peau. Réservez dans une assiette.

❒ Sortez les morceaux de pain du lait et ajoutez-les à la chair des aubergines. Essorez le tout dans un torchon.

❒ Préchauffez le four à 180 °C (th. 6). Dans un saladier, mélangez la chair des aubergines, le pain, la tomme de brebis râpée, les œufs et l'ail haché. Salez et poivrez. Mélangez bien jusqu'à l'obtention d'une farce homogène.

❒ Farcissez les peaux des aubergines de ce mélange. Posez-les dans un plat à four légèrement graissé à l'huile d'olive. Enfournez et laissez cuire 30 minutes. Vous pouvez passer sous le gril à 250 °C, en fin de cuisson, pour dorer un peu plus la préparation. Parsemez de basilic.

CHOU FARCI

POUR 4 PERSONNES • PRÉPARATION : 30 MIN • CUISSON : 1 H

1 chou moyen + 6 cuil. à café de beurre + 3 carottes + 3 oignons
Pour la farce : 200 g de viande de bœuf hachée + 200 g de viande de veau hachée
1 gousse d'ail + 1 botte de persil + 3 biscottes trempées dans un verre de lait + Sel et poivre

❐ Épluchez et émincez l'ail. Pelez les carottes, coupez-les en rondelles. Pelez les oignons et coupez-les en quartiers. Lavez brièvement le persil, essorez-le et ciselez la moitié de la botte.

❐ Séparez les feuilles de chou, puis faites blanchir les feuilles 10 minutes à l'eau bouillante.

❐ Pendant ce temps, préparez la farce : dans un saladier, mélangez les viandes, les biscottes, l'ail, le persil ciselé, du sel et du poivre ; malaxez bien jusqu'à l'obtention d'une préparation homogène.

❐ Égouttez soigneusement les feuilles de chou. Étalez-les par deux ou trois, posez dessus un quart de la farce. Roulez avec soin en enfermant bien la farce puis ficelez le tout. Renouvelez l'opération quatre fois.

❐ Faites dorer ces paquets dans la cocotte avec le beurre, ajoutez les carottes et les oignons et laissez cuire 1 h 15 à feu doux.

POIVRONS FARCIS

POUR 4 PERSONNES • PRÉPARATION : 5 MIN • CUISSON : 20 MIN

4 petits poivrons rouges + 500 g de viande de bœuf hachée
200 g de restes de féculent ou de légumes de la veille + 3 gousses d'ail
1 cuil. à café de graines de coriandre moulues + ½ botte de coriandre + Piment de Cayenne
Huile d'olive + Sel

❒ Préchauffez le four à 200 °C (th. 6-7).

❒ Épluchez et hachez l'ail. Mélangez la viande, l'ail, les graines de coriandre moulues, la coriandre fraîchement ciselée, du sel et du piment de Cayenne.

❒ Coupez les poivrons en deux, videz-les et remplissez-les avec les restes de féculent, puis la viande. Versez un filet d'huile d'olive.

❒ Enfournez pour 20 minutes.

TOMATES FARCIES

POUR 4 PERSONNES • PRÉPARATION : 10 MIN • CUISSON : 50 MIN

4 tomates + 380 g de farce + 350 g de riz + ½ oignon haché finement
2 cuil. à soupe d'huile d'olive + Sel et poivre

❒ Faites cuire le riz selon le temps indiqué sur le paquet.

❒ Préchauffez le four à 180 °C (th. 6). Faites revenir l'oignon dans une poêle avec 1 cuillerée à soupe d'huile, à feu assez vif, jusqu'à ce qu'il commence à colorer.

❒ Mélangez la farce avec l'oignon revenu et 120 g de riz cuit, salez et poivrez.

❒ Coupez le sommet des tomates et évidez-les. Remplissez-les de farce et replacez les sommets.

❒ Placez les tomates dans un plat, arrosez-les de l'huile restante et enfournez pour 40 minutes.

❒ Servez les tomates avec le riz.

RATATOUILLE

POUR 4-6 PERSONNES • PRÉPARATION : 30 MIN • CUISSON : 1 H 30

2 courgettes + 1 grosse aubergine + 2 poivrons (1 rouge, 1 vert)
6 tomates bien mûres ou 50 cl de coulis de tomates + 1 gros oignon
2 cuil. à soupe d'huile d'olive + 2 gousses d'ail + 2 branches de thym
1 feuille de laurier séché + 1 cuil. à café de sucre + 1 cuil. à café de sel + Poivre

❒ Lavez les courgettes et l'aubergine, coupez leurs extrémités et coupez-les en dés de 1 cm sans les peler. Lavez les poivrons, coupez leur pédoncule, ôtez les graines et les membranes blanches et coupez-les en dés de 1 cm. Ôtez le pédoncule des tomates, coupez-les en deux, ôtez les graines et recoupez les tomates en gros morceaux.
Pelez l'oignon, hachez-le finement.

❒ Faites chauffer l'huile d'olive dans une sauteuse et faites-y blondir l'oignon. Ajoutez l'aubergine et les poivrons, faites-les dorer 7 minutes. Ajoutez alors les courgettes, les tomates, les gousses d'ail en chemise, le thym, le laurier et le sucre. Salez, poivrez, couvrez et laissez mijoter sur feu très doux pendant 1 heure en remuant fréquemment.

❒ Au bout de ce temps, goûtez pour rectifier l'assaisonnement si nécessaire. Les légumes ayant alors rendu plus ou moins de jus, laissez le jus de cuisson s'évaporer en poursuivant la cuisson à découvert le temps nécessaire (en général, 30 minutes environ).

❒ Servez chaud, tiède ou froid.

OMELETTE AUX CHAMPIGNONS SAUVAGES

POUR 4 PERSONNES • PRÉPARATION : 15 MIN • CUISSON : 15 MIN

250 g de champignons sauvages (rosés-des-prés, cèpes, bolets...) + 6 œufs
1 cuil. à soupe de crème fraîche épaisse + 1 gousse d'ail + 3 brins de persil
1 cuil. à soupe d'huile d'olive + Sel et poivre

❒ Nettoyez parfaitement les champignons. Rincez-les très soigneusement sous l'eau. Égouttez-les, épongez-les parfaitement et coupez-les en petits morceaux.

❒ Pelez et hachez la gousse d'ail. Lavez le persil, essorez-le et hachez-le.

❒ Battez les œufs dans un saladier. Ajoutez la crème, salez, poivrez et mélangez.

❒ Faites chauffer l'huile d'olive dans une poêle antiadhésive. Ajoutez les champignons, l'ail et le persil. Salez, poivrez et faites sauter à feu moyen pendant 5 minutes en remuant. Versez les œufs battus et faites cuire pendant 10 minutes en ramenant les bords vers le centre. Servez l'omelette bien chaude avec des courgettes ou des pommes de terre sautées.

GALETTES AU SARRASIN

POUR 10 GALETTES ENVIRON • PRÉPARATION : 10 MIN
REPOS : 1 NUIT (FACULTATIF) • CUISSON : 11 MIN

300 g de farine de sarrasin + 15 cl de lait + 1 œuf + 1 cuil. à café de sel + Huile d'arachide
Pour la garniture (pour 1 galette) : 1 œuf + ½ tranche de jambon blanc découenné
1 pincée de noix de muscade râpée + Poivre

❒ Dans un grand saladier, mélangez la farine avec le sel. Formez un puits au centre et versez-y le lait et 35 cl d'eau. Mélangez au fouet pour former une pâte épaisse. Ajoutez encore 35 cl d'eau, mélangez à nouveau, puis fouettez la pâte avec l'œuf. Laissez reposer la pâte au frais jusqu'à l'utilisation ou à température ambiante 1 heure maximum.

❒ Huilez une grande poêle placée sur feu vif. Versez-y une fine couche de pâte. Lissez-la autant que possible. Au bout de 3 minutes environ, retournez la galette et faites cuire l'autre côté.

❒ Empilez les galettes sur une assiette et recouvrez chaque galette ajoutée avec une assiette ou un couvercle de casserole. Au moment de servir, poêlez la galette avec sa garniture.

CROQUE-MONSIEUR À LA POÊLE

POUR 4 PERSONNES • PRÉPARATION : 15 MIN • CUISSON : 8 MIN

8 tranches de pain + 4 tranches de jambon
200 g de fromage au choix, seul ou mélangé : comté, morbier, emmental + Poivre et paprika
Beurre + Cornichons et salade verte pour servir

❒ Garnissez généreusement 4 tranches de pain avec le jambon et le fromage, et fermez les croque-monsieur avec les 4 autres tranches. Beurrez ces 4 tranches à l'extérieur, puis épicez-les.

❒ Déposez les croque-monsieur, d'abord côté beurre, dans une poêle préchauffée. Écrasez-les avec une spatule pour faire fondre le fromage, puis retournez-les : faites-les cuire 4 minutes environ de chaque côté.

❒ Servez ces croque-monsieur avec des cornichons et de la salade verte.

BURGERS À LA FONDUE D'OIGNONS

POUR 4 PERSONNES • PRÉPARATION : 20 MIN • CUISSON : 20 MIN

4 buns + 600 g de viande hachée + 1 noix de beurre + 1 grosse tomate + Ketchup
Pour la sauce : 500 g d'oignons jaunes ou rouges + 2 anchois ou du sel fin
1 cuil. à soupe d'huile d'olive + 1 pincée de sucre + 1 cuil. à café de vinaigre balsamique

❒ Épluchez et émincez les oignons. Faites fondre les anchois sur le feu dans l'huile d'olive en les écrasant doucement à la cuillère en bois. Ajoutez les oignons émincés et le sucre. Couvrez et laissez suer 10 minutes sur feu moyen. Ajoutez le vinaigre balsamique et faites frire à feu vif. Lorsque les oignons sont caramélisés, réservez.

❒ Formez de gros burgers de viande et faites-les cuire aller-retour à deux reprises dans le beurre. Arrosez-les de beurre pendant la cuisson pour les caraméliser.

❒ Faites chauffer les pains au grille-pain. Nappez-les de fondue d'oignons. Mettez le burger dessus, puis 1 tranche de tomate et fermez avec le chapeau du bun. Servez immédiatement avec le ketchup.

PIZZA À L'AUBERGINE ET À LA MOZZARELLA

POUR 4 PERSONNES • PRÉPARATION : 40 MIN • CUISSON : 30 MIN • REPOS : 1 H

1 aubergine + 1 boule de mozzarella + 240 g de farine + 1 sachet de levure lyophilisée
15 cl de coulis de tomates + 1 cuil. à soupe d'huile de tournesol
1 cuil. à soupe d'huile d'olive + Sel et poivre

❐ Versez la farine dans un saladier. Ajoutez une pincée de sel, l'huile d'olive, la levure et 10 cl d'eau tiède. Travaillez la pâte pendant 10 minutes (ou utilisez un robot pendant 5 minutes). Formez une boule, placez-la dans un lieu tiède et laissez lever pendant 30 minutes.

❐ Lavez l'aubergine, puis coupez-la en fines rondelles. Faites chauffer l'huile de tournesol dans une sauteuse, ajoutez les tranches d'aubergine, salez, poivrez et faites-les sauter pendant 5 minutes à feu moyen. Laissez tiédir. Coupez la mozzarella en tranches. Préchauffez le four à 210 °C (th. 7).

❐ Travaillez à nouveau la pâte pendant 3 minutes à la main. Étalez-la sur une plaque à pâtisserie antiadhésive. Laissez reposer 30 minutes dans un lieu tiède. Nappez la pâte de coulis de tomates. Disposez par-dessus l'aubergine, puis la mozzarella. Salez, poivrez.

❐ Enfournez pour 25 minutes et dégustez chaud.

CABILLAUD EN CROÛTE PERSILLÉ

POUR 4 PERSONNES • PRÉPARATION : 8 MIN • CUISSON : 8 MIN

4 pavés de cabillaud de 180 g chacun + ½ botte de persil + 4 cuil. à soupe de chapelure
2 gousses d'ail + 300 g de tomates cerises + 3 cuil. à soupe d'huile d'olive
Sel et poivre

❒ Préchauffez le four à 180 °C (th. 6).

❒ Épluchez l'ail et effeuillez le persil.

❒ Mixez la chapelure avec l'ail, le persil, l'huile d'olive, du sel et du poivre.

❒ Disposez les pavés de cabillaud sur une plaque de four et répartissez les tomates coupées en deux autour.

❒ Recouvrez généreusement le poisson de persillade et enfournez pour 8 minutes.

BRANDADE DE MORUE

POUR 4 PERSONNES • PRÉPARATION : 20 MIN • CUISSON : 55 MIN

400 g de morue dessalée coupée en morceaux
300 g de pommes de terre à purée coupées en gros cubes + 1 bouquet garni + 1 gousse d'ail
10 cl de lait + 2 cuil. à soupe d'huile d'olive + Sel

- Faites cuire les pommes de terre une vingtaine de minutes dans une casserole d'eau bouillante salée.
- Faites pocher la morue 15 minutes dans une autre casserole d'eau bouillante avec le bouquet garni. Égouttez-la bien et enlevez la peau et les arêtes.
- Mixez l'ail rapidement au robot mixeur, ajoutez la morue et mixez encore jusqu'à ce qu'elle soit bien effilochée.
- Préchauffez le four à 180 °C (th. 6). Écrasez les pommes de terre en purée, incorporez le lait, l'huile et la morue mixée.
- Versez le tout dans un plat à gratin et enfournez pour 20 minutes.
- Passez éventuellement le plat sous un gril brûlant en fin de cuisson pour le dorer.

DOS DE SAUMON, SAUCE À L'OSEILLE

POUR 4 PERSONNES • PRÉPARATION : 5 MIN • CUISSON : 10 MIN

4 dos de saumon de 130 g chacun + 100 g d'oseille + 20 cl de lait écrémé + 3 échalotes
1 verre de vin blanc sec + 1 pincée de noix de muscade + Sel et poivre

❒ Pelez les échalotes et hachez-les finement. Lavez et essorez les feuilles d'oseille.

❒ Faites cuire les morceaux de saumon 8 minutes à la vapeur.

❒ Pendant ce temps, faites réduire le vin avec les échalotes dans une casserole, à feu moyen. Ajoutez le lait et portez à ébullition et prolongez la cuisson 5 minutes. Puis ajoutez l'oseille et laissez-la fondre. Passez le tout au robot mixeur, puis salez, poivrez et ajoutez la noix de muscade. Servez chaque dos de saumon nappé d'un peu de sauce.

AILES DE RAIE AU BEURRE NOISETTE

POUR 4 PERSONNES • PRÉPARATION : 5 MIN • CUISSON : 15 MIN

REPOS : 15 MIN

4 petites ailes de raie + 60 g de beurre + 1 cuil. à soupe de câpres
1 cuil. à café de fumet de poisson en poudre

❒ Déposez les ailes de raie dans une sauteuse et couvrez-les d'eau.

❒ Délayez le fumet de poisson dans l'eau. Portez à ébullition, coupez le feu et laissez reposer 15 minutes à couvert.

❒ Faites chauffer le beurre dans une sauteuse antiadhésive jusqu'à ce qu'il prenne une couleur noisette.

❒ Baissez le feu, ajoutez les câpres, déposez les ailes de raie égouttées et faites-les dorer 3 minutes de chaque côté.

SOLES MEUNIÈRE

POUR 4 PERSONNES • PRÉPARATION : 30 MIN • CUISSON : 35 MIN

4 soles portions écaillées et vidées par le poissonnier + 65 g de farine + 6 cl d'huile
140 g de beurre + 2 citrons + ¼ de botte de persil frisé + Sel

❒ Rincez les soles. Séchez-les avec du papier absorbant et assaisonnez-les, puis farinez-les et tapotez-les pour enlever l'excédent de farine.

❒ Faites chauffer deux grandes poêles, avec dans chacune 3 cl d'huile et 20 g de beurre. Dès que le beurre ne mousse plus, déposez les soles dans les poêles, ventre vers le haut.

❒ Faites saisir les soles à feu vif, puis baissez l'intensité de la chaleur. Arrosez fréquemment de graisse de cuisson. Retournez délicatement les soles avec une spatule large. Quand les deux faces sont dorées, dressez sur un plat de service.

❒ Préparez un beurre noisette. Dégraissez l'une des poêles. Si le fond présente des traces de brûlé, prenez une poêle propre. Faites-y chauffer 100 g de beurre jusqu'à ce qu'il prenne une jolie couleur dorée et sente bon la noisette.

❒ Lavez et brossez 1 citron. Cannelez-le, puis tranchez-le et décorez le plat de service de fines tranches de citron cannelées.

❒ Pressez le second citron. Hachez le persil. Parsemez les soles, puis arrosez-les de jus de citron. Répartissez le beurre noisette encore bien chaud sur les poissons. Déposez éventuellement une tranche de citron pelé à vif et panée de persil haché sur la tête de chaque sole.

ROUGET AU FENOUIL

POUR 4 PERSONNES • PRÉPARATION : 8 MIN • CUISSON : 10 MIN

600 g de filets de rouget + 1 gros bulbe de fenouil + 20 olives vertes + 1 citron jaune
½ botte de ciboulette + 1 filet d'huile d'olive + Sel et poivre

❒ Émincez finement le fenouil.

❒ Coupez la moitié du citron en fines lamelles.

❒ Faites revenir le fenouil avec les olives, les lamelles de citron, l'huile d'olive, du sel et du poivre pendant 5 minutes.

❒ Disposez les filets de rouget sur le fenouil, couvrez avec un couvercle et prolongez la cuisson de 5 minutes.

❒ Pressez le demi-citron sur le tout et parsemez de ciboulette fraîchement ciselée.

FILETS DE DAURADE ROYALE AU THYM

POUR 4 PERSONNES • PRÉPARATION : 10 MIN • CUISSON : 45 MIN ENVIRON

4 beaux filets de daurade royale, avec leur peau
1,5 kg de pommes de terre (charlotte ou roseval) + 2 cuil. à soupe d'huile d'olive
2 cuil. à soupe de thym + Sel et poivre

- Épluchez les pommes de terre et faites-les cuire à l'eau ou à la vapeur (le temps de cuisson dépend de la grosseur des pommes de terre et du mode de cuisson choisi).
- Préchauffez le four à 200 °C (th. 6-7).
- Lorsque les pommes de terre sont cuites, coupez-les en rondelles et mélangez-les, dans un saladier, avec l'huile d'olive, 1 cuillerée à soupe de thym, du sel et du poivre. Procédez délicatement pour ne pas les casser. Étalez-les ensuite dans un plat à gratin et posez dessus les filets de daurade, côté chair sur les pommes de terre. Salez, poivrez et parsemez du thym restant.
- Enfournez et laissez cuire 20 à 25 minutes.

ESPADON GRILLÉ HARICOTS GREMOLATA

POUR 4 PERSONNES • PRÉPARATION : 8 MIN • CUISSON : 5 MIN

4 pavés d'espadon de 180 g chacun + 600 g de haricots blancs cuits + 1 gousse d'ail
½ botte de persil + ½ botte de menthe + 1 citron jaune + 1 filet d'huile d'olive + Sel et poivre

❒ Faites cuire les pavés d'espadon à la poêle avec l'huile d'olive, du sel et du poivre, 2 minutes sur chaque face.

❒ Épluchez l'ail. Râpez et pressez le citron. Mixez l'ail, le persil et la menthe équeutés avec les zestes et le jus de citron. Salez et poivrez.

❒ Retirez le poisson de la poêle et versez-y les haricots blancs et la sauce. Faites chauffer et servez le poisson avec les haricots.

BLANQUETTE DE LOTTE

POUR 4 PERSONNES • PRÉPARATION : 10 MIN • CUISSON : 14 MIN

600 g de lotte + 1 poireau + 3 carottes + 4 champignons de Paris + 30 cl de crème légère
5 cl de vin blanc + ⅓ de botte de persil + 1 filet d'huile d'olive + Sel et poivre

❒ Coupez le poisson en morceaux. Épluchez et émincez le poireau et les carottes.

❒ Éliminez la partie terreuse des champignons et taillez-les en quatre.

❒ Lavez le poireau, les carottes et les champignons et faites-les revenir avec l'huile d'olive pendant 12 minutes.

❒ Ajoutez la lotte, la crème, le vin blanc, le persil, du sel, du poivre et faites mijoter 2 minutes.

BOUILLABAISSE

POUR 8 PERSONNES • PRÉPARATION : 1 H 20 • CUISSON : 1 H 10

Pour la soupe de poisson : 500 g de rascasse + 500 g de rouget grondin
500 g de congre + 500 g de daurade + 500 g de merlans + 400 g de tomates
200 g d'oignons + 200 g de fenouil + 100 g de blanc de poireau + 8 gousses d'ail
4 cl d'huile d'olive + Sel et poivre
Pour le fumet : 500 g d'étrilles + 1 bouquet garni + 3 cl d'huile d'olive
1 cuil. à café de concentré de tomates
Pour les croûtons : 1 baguette + 1 tête d'ail + 8 cl d'huile d'olive
Pour la rouille : 1 jaune d'œuf + 3 gousses d'ail + 25 g de mie de pain + 25 cl d'huile d'olive
¼ de cuil. à café de piment rouge + ¼ de cuil. à café de safran

❒ Videz, écaillez, lavez et étêtez les poissons ; gardez les têtes et les queues pour le fumet. Coupez les poissons en tronçons de 4 cm et limonez-les sous un filet d'eau froide jusqu'à ce qu'ils soient propres. Épluchez les légumes. Ciselez les oignons et le fenouil, émincez le poireau et coupez les tomates en quatre.

❒ Faites suer la moitié des oignons et le poireau dans une cocotte avec l'huile. Ajoutez les têtes et les queues des poissons, puis les étrilles coupées en gros morceaux. Ajoutez le bouquet garni et le concentré de tomates. Mouillez d'eau à hauteur, portez à ébullition et laissez mijoter pendant 30 minutes. Mixez l'ensemble, filtrez-le, puis réservez le fumet.

❒ Tranchez la baguette et arrosez les croûtons d'un filet d'huile d'olive. Faites-les griller de chaque côté dans une sauteuse. Coupez la tête d'ail en deux dans l'épaisseur et frottez-en les croûtons.

❒ Pelez et écrasez les gousses d'ail. Faites-les revenir à l'huile d'olive dans une cocotte avec le fenouil et le reste d'oignons. Mouillez avec le fumet, puis ajoutez les quartiers de tomate et assaisonnez. Ajoutez alors les poissons, portez à ébullition et laissez frémir pendant 10 à 15 minutes.

❒ Préparez la rouille : mouillez la mie de pain avec du bouillon de cuisson. Pressez-la, puis pilez-la avec le piment, le safran et les gousses d'ail hachées. Ajoutez le jaune d'œuf et émulsionnez progressivement avec de l'huile d'olive versée en filet.

STAUB

MOULES MARINIÈRE

POUR 4 PERSONNES • PRÉPARATION : 5 MIN • CUISSON : 6 MIN

2 l de moules + 30 g de beurre + 2 échalotes hachées + 15 cl de vin blanc sec
4 tiges de persil hachées + 1 cuil. à café de farine + Poivre

❒ Faites fondre le beurre dans une casserole avec les échalotes. Laissez cuire 3 minutes en remuant de temps et temps.

❒ Ajoutez les moules, le vin, le persil et poivrez. Faites cuire 3 minutes, le temps que les moules s'ouvrent, en remuant de temps en temps.

❒ Retirez les moules, ajoutez la farine au jus et fouettez, sur le feu, jusqu'à ce qu'il épaississe légèrement.

❒ Servez les moules et arrosez-les de jus.

BANANES FLAMBÉES AU RHUM

POUR 4 PERSONNES • PRÉPARATION : 5 MIN • CUISSON : 6-8 MIN

4 belles bananes, mûres mais fermes + Le jus de 1 citron vert + 60 g de beurre
80 g de sucre en poudre + 10 cl de rhum brun

❒ Épluchez les bananes et retirez tous les filaments blancs. Coupez-les en deux dans la longueur, puis arrosez-les de la moitié du jus de citron.

❒ Faites fondre le beurre dans une poêle placée sur feu moyen. Mettez-y à revenir les bananes pendant 3 à 4 minutes, en les retournant une ou deux fois, jusqu'à ce qu'elles soient bien dorées. Baissez un peu le feu, saupoudrez le sucre et faites cuire encore quelques instants pour que les bananes commencent à caraméliser.

❒ Faites chauffer le rhum dans une petite casserole, versez-le sur les fruits, approchez une flamme et flambez.

❒ Sortez délicatement les bananes de la poêle et posez-les sur un plat ou des assiettes chaudes.

❒ Ajoutez le reste du jus de citron dans la poêle, remuez bien, puis laissez épaissir quelques instants à feu vif. Nappez les bananes de ce sirop et servez aussitôt.

COMPOTE DE POMMES

POUR 4 PERSONNES • PRÉPARATION : 10 MIN • CUISSON : 30 MIN

1 kg de pommes ou 500 g de pommes et 500 g de fruits de votre choix : rhubarbe, poire, fruits rouges... + Sucre selon le goût + Cannelle selon le goût + Le jus de ½ citron

❒ Pelez les pommes, ôtez leur cœur et les pépins. Coupez-les en morceaux. Placez-les dans une casserole et arrosez-les de jus de citron pour qu'ils ne noircissent pas. Si vous faites une compote avec d'autres fruits, préparez-les : dénoyautez-les, épépinez-les, équeutez-les ou pelez-les selon le cas. Mélangez-les avec les pommes.

❒ Ajoutez 10 cl d'eau (½ verre) dans la casserole, la cannelle ou toute autre épice de votre choix. Portez à ébullition sur feu vif, puis laissez mijoter sur feu moyen 30 minutes en remuant fréquemment pour éviter que la compote n'accroche.

❒ Quand les pommes sont tendres, goûtez la compote, et ajoutez du sucre si nécessaire en prolongeant la cuisson 5 minutes.

❒ Mixez la compote ou écrasez-la à l'aide d'une fourchette ou d'un presse-purée.

CRÈME AUX ŒUFS

POUR 6 PERSONNES • PRÉPARATION : 15 MIN • CUISSON : 25 MIN

4 œufs + 80 cl de lait + 50 g de sucre en poudre + 1 sachet de sucre vanillé

❒ Préchauffez le four à 150 °C (th. 5). Remplissez la lèchefrite aux deux tiers d'eau chaude et disposez-la dans le four.

❒ Mélangez le lait avec le sucre en poudre et le sucre vanillé, puis portez-le à ébullition.

❒ Battez les œufs dans un saladier. Versez progressivement le lait bouillant sur les œufs sans cesser de fouetter.

❒ Répartissez le mélange dans 6 ramequins. Disposez-les dans la lèchefrite et laissez cuire 20 minutes. Laissez tiédir hors du four les crèmes prises, puis placez-les au frais couvertes de film alimentaire.

CRÈMES BRÛLÉES

POUR 4 PERSONNES • PRÉPARATION : 5 MIN • CUISSON : 5 MIN
RÉFRIGÉRATION : 4 H

4 jaunes d'œufs + 50 cl de lait chaud + 90 g de sucre en poudre + 4 cuil. à soupe
20 g de fécule de maïs + ½ cuil. à café d'extrait de vanille

❒ Fouettez, dans une casserole hors du feu, les jaunes d'œufs, l'extrait de vanille et le sucre. Ajoutez la fécule de maïs et fouettez de nouveau.

❒ Versez le lait chaud en filet, sans cesser de fouetter.

❒ Mettez la casserole sur un feu assez vif et remuez pendant 5 minutes environ, jusqu'à ce que la crème épaississe.

❒ Versez la crème dans 4 plats ou 4 cassolettes, laissez refroidir, puis laissez prendre au frais 4 heures minimum.

❒ Saupoudrez chaque crème, juste avant de servir, de 1 cuillerée à soupe de sucre. Faites-les caraméliser avec un chalumeau de cuisine ou en les passant sous un gril brûlant.

CRÈME RENVERSÉE AU CARAMEL

POUR 10 RAMEQUINS • PRÉPARATION : 10 MIN • REPOS : 1 NUIT
CUISSON : 35 MIN • RÉFRIGÉRATION : 4 H

100 g de caramel en brisures + 200 g d'œufs entiers + 60 g de jaunes d'œufs
150 g de sucre en poudre + 1 l de lait entier + 1 gousse de vanille

❒ La veille, fendez la gousse de vanille, grattez les graines, ajoutez-les au sucre, mélangez, couvrez et réservez.

❒ Le lendemain, préchauffez le four à 170 °C (th. 5-6).

❒ Déposez les ramequins dans un grand plat allant au four. Répartissez dans chaque ramequin 10 g de caramel en brisures.

❒ Dans un bol, fouettez légèrement les œufs et les jaunes. Ajoutez le sucre vanillé et fouettez sans faire blanchir le mélange. Ajoutez le lait petit à petit tout en fouettant.

❒ Répartissez le mélange dans les ramequins. Versez de l'eau bouillante dans le plat afin qu'elle arrive à mi-hauteur des crèmes. Enfournez pour 35 minutes.

❒ Les crèmes doivent être fermes au toucher, une lame de couteau insérée au centre doit ressortir propre. Sortez les ramequins du bain-marie et laissez refroidir.

❒ Réservez au frais pendant au moins 4 heures. Démoulez chaque ramequin sur une assiette.

ŒUFS À LA NEIGE

POUR 4 PERSONNES • PRÉPARATION : 15 MIN • CUISSON : 20 MIN

3 œufs + 35 cl de lait demi-écrémé
3 cuil. à soupe de sirop d'agave (ou de sucre en poudre) + 2 cuil. à soupe de sucre glace
1 cuil. à soupe d'amandes effilées + Sel

❐ Mettez un saladier vide au congélateur (ou au réfrigérateur).

❐ Séparez les blancs des jaunes d'œufs et fouettez les jaunes avec le sirop d'agave (ou le sucre en poudre), jusqu'à ce que le mélange devienne mousseux.

❐ Portez le lait à ébullition, puis versez-le petit à petit sur les jaunes d'œufs, en remuant avec une cuillère en bois. Reversez le mélange dans la casserole et faites épaissir à feu doux, sans laisser bouillir, en remuant sans cesse : la crème doit « napper » la cuillère en bois. Sortez le saladier du congélateur et versez-y la crème en la filtrant au chinois.

❐ Pendant que la crème refroidit, faites chauffer de l'eau dans une sauteuse. Montez les blancs d'œufs en neige avec une pincée de sel, puis incorporez le sucre glace. Moulez les blancs en forme de quenelles. Déposez-les dans l'eau frémissante, couvrez la sauteuse et faites-les cuire 3 minutes, en les retournant à l'aide d'une écumoire à mi-cuisson. Égouttez-les sur du papier absorbant. Versez la crème anglaise dans 4 coupes et déposez les blancs refroidis dessus.

❐ Chauffez une poêle antiadhésive et faites-y dorer les amandes effilées à sec. Servez les œufs à la neige parsemés de ces amandes.

PANNA COTTA

POUR 4 PERSONNES • PRÉPARATION : 5 MIN • CUISSON : 3 MIN
RÉFRIGÉRATION : 2 H

30 cl de crème liquide entière + 15 cl de lait + 60 g de sucre en poudre
4 feuilles de gélatine + 4 cuil. à soupe de coulis de framboises

❒ Faites tremper les feuilles de gélatine dans un bol d'eau froide.

❒ Versez dans une casserole la crème, le lait et le sucre, et portez à ébullition.

❒ Ajoutez les feuilles de gélatine essorées, retirez du feu et mélangez jusqu'à ce que la gélatine soit bien fondue.

❒ Répartissez la panna cotta dans des verrines et laissez prendre 2 heures au frais.

❒ Versez le coulis de framboises sur les panna cotta juste avant de servir.

GÂTEAU DE SEMOULE AU CARAMEL

POUR 6-8 PERSONNES • PRÉPARATION : 15 MIN • RÉFRIGÉRATION : 4 H
CUISSON : 5 MIN

1 l de lait entier, frais de préférence + 150 g de semoule extra-fine
80 à 100 g de sucre en poudre (selon votre goût) + 1 gousse de vanille + 1 pincée de sel
Un peu d'huile pour le moule
Pour le caramel : 100 g de sucre en poudre + 1 cuil. à café de miel liquide
½ cuil. à soupe de jus de citron

❒ Préparez le caramel :
dans une grande poêle, versez le sucre en une seule fine couche. Faites chauffer sans toucher ni mélanger le sucre : il va fondre puis caraméliser. Inclinez la poêle de tous les côtés pour que la caramélisation soit homogène. Lorsque le caramel est d'un blond soutenu, ajoutez hors du feu le miel et le jus de citron. Laissez tiédir 2 minutes avant de verser au fond du moule légèrement huilé. Mettez le tout au congélateur le temps de préparer la semoule.

❒ Fendez la gousse de vanille en deux, dans le sens de la longueur, et grattez les graines.

❒ Dans une casserole, faites chauffer le lait, le sucre, les graines de vanille et le sel. À ébullition, ajoutez la semoule en pluie et faites cuire sur feu doux 1 minute, en remuant sans cesse.

❒ Laissez tiédir quelques instants avant de verser dans le moule chemisé de caramel. Lissez la surface, laissez refroidir, puis mettez au réfrigérateur pendant au moins 4 heures.

RIZ AU LAIT

POUR 6 PERSONNES • PRÉPARATION : 15 MIN • CUISSON : 45 MIN

1 gousse de vanille + 80 g de riz rond + 1 l de lait + 70 g de sucre de canne

❒ Préchauffez le four à 180 °C (th. 6). Fendez la gousse de vanille en deux et grattez les graines avec le plat d'un couteau.

❒ Mettez la vanille, le riz, le sucre et le lait dans une cocotte au four, avoir l'avoir baissé à 160 °C (th. 5-6). Au bout de 30 minutes, remuez le riz afin d'en libérer l'amidon qui donnera toute l'onctuosité au riz au lait. Poursuivez la cuisson 15 minutes et dégustez tiède ou froid, avec de la confiture, des miettes de gâteau ou des éclats de pistache.

MOUSSE AU CHOCOLAT

POUR 6 PERSONNES • PRÉPARATION : 25 MIN • CUISSON : 1 H 10

150 g de chocolat noir + 50 cl de lait entier + 4 jaunes d'œufs + 1 œuf + 30 g de sucre
Beurre pour les verrines

❒ Portez le lait à ébullition. Pendant ce temps, hachez le chocolat au couteau et mettez-le dans un saladier. Versez le lait bouillant dessus et n'y touchez pas pendant 2 minutes. Mélangez ensuite.

❒ Préchauffez le four à 120 °C (th. 4). Fouettez les jaunes avec l'œuf entier et le sucre. Versez le lait au chocolat dessus et fouettez en douceur jusqu'à lisser le mélange.

❒ Beurrez 6 verrines ou ramequins et versez-y la crème. Posez-les dans un plat rempli d'eau tiède à mi-hauteur et mettez au four. Laissez cuire 1 h 10. Vérifiez la texture qui doit être bien saisie et prolongez la cuisson si nécessaire.

❒ Retirez du bain-marie dès la sortie du four et laissez refroidir. Dégustez les mousses tièdes ou réfrigérées.

FLAN PARISIEN

POUR 6 PERSONNES • PRÉPARATION : 45 MIN • CUISSON : 45 MIN
RÉFRIGÉRATION : 2H • REPOS : 2 H

250 g de farine + un peu pour le moule + 150 g de beurre + un peu pour le moule
1 jaune d'œuf + 1 pincée de sel
Pour le flan : 5 jaunes d'œufs + 50 cl de lait entier + 25 cl de crème fleurette
120 g de sucre semoule + 50 g de fécule de maïs + 1 gousse de vanille

❐ Coupez le beurre en petits dés et placez-les sur le plan de travail avec la farine et le sel. Mélangez du bout des doigts jusqu'à l'obtention d'une sorte de sable grossier. Rassemblez-le en tas, faites un puits au milieu et versez le jaune d'œuf battu avec 1 cuillerée à soupe d'eau. Amalgamez rapidement les ingrédients, formez une boule et enveloppez-la de film alimentaire. Réservez 1 heure au frais.

❐ Beurrez et farinez un moule à tarte de 22 cm de diamètre. Retirez le film alimentaire et étalez la pâte. Placez-la dans le moule et coupez l'excédent. Piquez le fond avec les dents d'une fourchette et réservez 1 heure au frais.

❐ Pendant ce temps, portez le lait et la crème à ébullition, et ajoutez les graines grattées de la gousse de vanille. Fouettez les jaunes d'œufs avec le sucre et la fécule de maïs jusqu'à ce que le mélange blanchisse. Incorporez petit à petit le lait chaud vanillé, en mélangeant vivement. Faites cuire à feu moyen, en remuant régulièrement, jusqu'à ce que la crème épaississe. Retirez du feu et laissez tiédir 10 minutes environ, en mélangeant de temps à autre.

❐ Préchauffez le four à 180 °C (th. 6). Fouettez vivement l'appareil à flan, versez-le sur le fond de pâte et lissez. Faites cuire 35 minutes environ au four. Sortez le flan du four et laissez-le refroidir 2 heures avant de le démouler.

FAR BRETON AUX PRUNEAUX

POUR 6 PERSONNES • PRÉPARATION : 15 MIN • REPOS : 1 NUIT
CUISSON : 35 MIN

150 g de pruneaux dénoyautés + 4 œufs + 100 g de sucre en poudre + 80 g de farine
50 cl de lait demi-écrémé + 20 cl de thé + 20 g de beurre demi-sel fondu
3 pincées de fleur de sel

❒ La veille, mettez les pruneaux dans un bol et recouvrez-les avec le thé très chaud. Couvrez et laissez gonfler une nuit.

❒ Le lendemain, versez le beurre fondu dans le moule puis inclinez-le pour bien répartir le beurre.

❒ Préchauffez le four à 180 °C (th. 6).

❒ Dans un bol, fouettez les œufs et le sucre. Ajoutez la farine, la fleur de sel et fouettez juste un peu.

❒ Faites chauffer le lait, afin qu'il soit bien chaud. Versez-le petit à petit sur le mélange précédent et fouettez jusqu'à ce que le mélange soit homogène.

❒ Ajoutez 3 cuillerées à soupe du jus des pruneaux et mélangez. Versez ce mélange dans le moule beurré et ajoutez les pruneaux égouttés.

❒ Enfournez pour 20 minutes, augmentez la température du four à 200 °C (th. 6-7) et prolongez la cuisson de 10 minutes. Le far doit être pris et bien doré.

❒ Servez tiède ou à température ambiante.

CLAFOUTIS AUX CERISES

POUR 6 PERSONNES • PRÉPARATION : 10 MIN • CUISSON : 35-40 MIN

500 g de cerises + 3 œufs + 90 g de sucre en poudre
120 g de farine + un peu pour le moule + 60 g de beurre fondu + un peu pour le moule
30 cl de lait

❒ Préchauffez le four à 180 °C (th. 6). Versez les œufs dans un saladier avec le sucre, la farine, le beurre et le lait, et mélangez bien.

❒ Beurrez et farinez un moule à tarte assez haut de 26 cm de diamètre environ.

❒ Déposez les cerises dans le moule, puis versez la pâte.

❒ Enfournez pour 35 à 40 minutes. Dégustez tiède ou froid.

PAIN PERDU À LA CONFITURE

POUR 4 PERSONNES • PRÉPARATION : 20 MIN • CUISSON : 15 MIN

REPOS : 5 MIN

8 tranches de pain rassis + 25 cl de lait + 2 œufs + 15 g de beurre ou de margarine
1 sachet de sucre vanillé + Confiture d'abricots ou cassonade

❒ Mélangez le lait avec le sucre vanillé et faites-le tiédir. Disposez les tranches de pain dans un plat large et peu profond. Arrosez-les de lait et laissez reposer 5 minutes, le temps que le pain ait absorbé le lait. Battez les œufs dans une assiette creuse.

❒ Faites fondre le beurre ou la margarine dans une poêle antiadhésive. Dès que le beurre mousse, trempez les tranches de pain dans l'œuf battu, puis disposez-les dans la poêle sans les serrer. Procédez en deux fois. Laissez dorer les tranches 2 minutes de chaque côté à feu doux.

❒ Disposez les tranches au fur et à mesure dans un plat garni de papier absorbant. Dégustez tiède avec de la confiture ou de la cassonade.

CRÊPES AU CITRON

POUR 4 PERSONNES • PRÉPARATION : 25 MIN • CUISSON : 35 MIN

100 g de farine + 25 cl de lait + 1 gros œuf + 30 g de beurre + ½ citron non traité
30 g de sucre en poudre + 1 sachet de sucre vanillé + 1 cuil. à soupe d'huile + Sel

❒ Sortez le beurre du réfrigérateur. Mélangez la farine, le sucre vanillé et une pincée de sel dans un saladier. Ajoutez le lait et l'œuf, puis travaillez la pâte jusqu'à ce qu'elle soit parfaitement lisse. Réservez.

❒ Frottez le citron sous l'eau chaude. Prélevez un morceau de zeste et hachez-le. Pressez le jus d'une moitié du citron.

❒ Travaillez le beurre mou avec le sucre, le zeste et le jus de citron dans un petit bol. Placez au frais.

❒ Faites cuire 8 crêpes dans une poêle antiadhésive légèrement huilée 2 minutes sur chaque face. Garnissez chaque crêpe d'un peu de beurre citronné et dégustez chaud.

SABLÉS PUR BEURRE

POUR 20 BISCUITS ENVIRON • PRÉPARATION : 1 H • REPOS : 1 H
CUISSON : 24 MIN

225 g de farine de blé + un peu pour le plan de travail + 125 g de sucre de canne
1 sachet de sucre vanillé + 1 pincée de sel + 200 g de beurre + 1 blanc d'œuf

❒ Coupez le beurre en petits morceaux.

❒ Dans un saladier ou le bol d'un robot, mélangez les matières sèches : farine, sucre, sucre vanillé et sel. Ajoutez le beurre en morceaux et le blanc d'œuf. Mélangez du bout des doigts jusqu'à ce que le beurre ait collé toute la masse, puis formez une boule. Aplatissez-la et recouvrez-la d'un film alimentaire, mettez-la au réfrigérateur pour 1 heure.

❒ Préchauffez le four à 170 °C (th. 5-6). Sur un plan de travail fariné, étalez la pâte à l'aide d'un rouleau à pâtisserie. Veillez à ce que l'épaisseur de la pâte soit la même partout pour une cuisson homogène. À l'aide d'un verre ou d'un emporte-pièce, découpez des biscuits que vous rangerez au fur et à mesure sur un tapis de cuisson.

❒ Mettez au four pour une dizaine de minutes. Continuez jusqu'à épuisement de la pâte.

TARTE AUX POMMES

POUR 6 PERSONNES • CUISSON : 30 MIN • REPOS : 15 MIN

1 pâte sablée + 600 g de pommes + 200 g de compote de pommes
2 cuil. à soupe de jus de citron + 2 cuil. à soupe de gelée de groseille

❒ Préchauffez le four à 180 °C (th. 6). Déroulez la pâte dans un moule de 26 cm de diamètre.

❒ Pelez et coupez les pommes en fins quartiers. Arrosez-les de jus de citron.

❒ Étalez la compote sur la pâte. Déposez les quartiers de pomme.

❒ Enfournez pour 30 minutes.

❒ Badigeonnez les pommes encore chaudes de gelée de groseille à l'aide d'un pinceau. Laissez la tarte refroidir.

TARTE À LA RHUBARBE

POUR 6 PERSONNES • PRÉPARATION : 35 MIN • CUISSON : 35 MIN
RÉFRIGÉRATION : 1 H

1 kg de rhubarbe + 1 œuf + 3 cuil. à soupe de crème fraîche épaisse
120 g de beurre ou de margarine + 250 g de farine + 80 g de sucre en poudre + Sel

❒ Versez la farine dans un saladier. Ajoutez une pincée de sel et le beurre coupé en petits dés. Mélangez du bout des doigts pour obtenir une consistance sableuse. Versez un demi-verre d'eau et travaillez rapidement la pâte en formant une boule. Couvrez de film alimentaire et placez au frais au moins 1 heure.

❒ Pelez les tiges de rhubarbe, rincez-les sous l'eau et séchez-les. Coupez-les en petits tronçons.

❒ Préchauffez le four à 180 °C (th. 6). Étalez la pâte sur le plan de travail, puis garnissez-en un moule à tarte de 24 cm de diamètre environ. Piquez le fond avec une fourchette.

❒ Disposez les tronçons de rhubarbe sur la pâte. Battez l'œuf dans un bol avec le sucre et la crème.

❒ Versez sur la pâte et faites cuire 35 minutes au four. Dégustez tiède ou à température ambiante.

TARTE À LA POIRE FAÇON BOURDALOUE

POUR 6 PERSONNES • PRÉPARATION : 35 MIN • CUISSON : 35 MIN
RÉFRIGÉRATION : 1 NUIT

1 pâte sucrée étalée + Sucre cassonade pour la finition
Pour la crème d'amandes : 70 g de beurre demi-sel mou + 30 g de crème liquide entière
100 g de sucre en poudre + 80 g de poudre d'amandes + 20 g de fécule de maïs
100 g d'œufs entiers
Pour les poires pochées : 5 petites poires + 1 l d'eau + 150 g de sucre en poudre
2 cuil. à soupe de jus de citron

❒ La veille, préparez la crème d'amandes. Dans un bol, mélangez le beurre mou, le sucre et la crème liquide. Ajoutez la poudre d'amandes, la fécule de maïs, les œufs légèrement battus à la fourchette. Mélangez sans incorporer d'air. Couvrez et réservez au frais.

❒ Préchauffez le four à 165 °C (th. 5-6). Garnissez un moule avec la pâte sucrée, piquez le fond à l'aide d'une fourchette et enfournez à blanc pour une vingtaine de minutes, jusqu'à ce que la pâte soit bien dorée.

❒ Préparez les poires pochées. Portez à ébullition l'eau, le sucre et le jus de citron dans une casserole. Ajoutez les poires pelées et baissez le feu. Laissez frémir pendant une quinzaine de minutes. Les poires doivent être tendres mais encore entières.

❒ Sortez la crème d'amandes du réfrigérateur. Sortez les poires du sirop à l'aide d'une écumoire, laissez-les tiédir puis coupez chaque poire en tranches fines.

❒ Garnissez le fond de pâte avec la crème d'amandes, en vous arrêtant à 3 mm du bord de la pâte, la crème d'amandes va gonfler à la cuisson.

❒ Préchauffez le four à 180 °C (th. 6). Disposez les tranches de poire sur la crème, en les faisant se chevaucher. Saupoudrez de sucre cassonade. Enfournez pour 20 à 25 minutes.

TARTE TATIN

POUR 6 PERSONNES • PRÉPARATION : 20 MIN • CUISSON : 30 MIN

5 pommes (type chantecler) + 1 pâte feuilletée pur beurre + 80 g de sucre en poudre
50 g de beurre

❒ Étalez le sucre dans le fond d'un moule à manqué et parsemez des petits morceaux de beurre. Pelez les pommes, coupez-les en quatre et ôtez le cœur, puis déposez les quartiers dans le moule en les serrant bien.

❒ Mettez le moule à feu doux. Quand le beurre a fondu, augmentez le feu pour que se forme le caramel. Appuyez sur les pommes afin de les aplatir au fur et à mesure de la cuisson. Prenez soin de ne pas faire brûler le caramel. Retirez du feu et laissez refroidir.

❒ Déroulez la pâte, posez-la directement sur les pommes et rabattez le pourtour entre les fruits et le bord du moule. Réservez au frais.

❒ Avant le repas, préchauffez le four à 210 °C (th. 7). Sortez le moule du réfrigérateur et faites cuire la tarte 15 minutes environ au four. Démoulez-la dans une grande assiette et servez tiède.

TARTE AU CITRON FACILE

POUR 4 PERSONNES • PRÉPARATION : 15 MIN • CUISSON : 25 MIN

1 pâte sablée + 30 g de chocolat blanc cassé en morceaux + 4 œufs
150 g de sucre en poudre + 90 g de beurre fondu + un peu pour le moule
120 g de jus de citron + 6 petites meringues + 2 feuilles de gélatine + Sucre glace + Farine

❒ Préchauffez le four à 180 °C (th. 6). Garnissez de pâte un moule de 22 cm de diamètre beurré et fariné, couvrez-la de haricots secs et faites-la cuire pendant 20 minutes.

❒ Faites fondre le chocolat blanc au micro-ondes. À la sortie du four, débarrassez les haricots et badigeonnez le fond de tarte de chocolat fondu à l'aide d'un pinceau.

❒ Faites tremper la gélatine dans un bol d'eau froide. Dans un saladier, battez ensemble les œufs et le sucre ; incorporez le beurre, puis le jus de citron en fouettant toujours. Versez dans une casserole et faites chauffer à feu doux pendant 5 minutes en fouettant constamment.

❒ Essorez la gélatine, ajoutez-la au contenu de la casserole et mélangez. Laissez tiédir.

❒ Fouettez une dernière fois et déposez sur le fond de tarte.

❒ Laissez complètement refroidir au réfrigérateur. Disposez quelques meringues sur la tarte et saupoudrez de sucre glace juste avant de servir.

TARTE AUX FRAISES

POUR 4 PERSONNES • PRÉPARATION : 15 MIN • CUISSON : 25 MIN
REPOS : 20 MIN

1 pâte sablée + 300 g de fraises équeutées et coupées en deux
1 cuil. à soupe de gelée de groseille + Beurre et farine pour le moule
Pour la crème pâtissière : 30 cl de lait chaud + 2 jaunes d'œufs + 40 g de sucre
40 g de farine + 1 gousse de vanille fendue en deux

❒ Préchauffez le four à 180 °C (th. 6). Déroulez la pâte dans un moule à tarte de 25 cm de diamètre, beurré et fariné. Garnissez de haricots secs et enfournez pour une vingtaine de minutes. Retirez les haricots et laissez refroidir.

❒ Préparez la crème pâtissière. Dans une casserole hors du feu, fouettez les jaunes d'œufs avec le sucre. Grattez la gousse de vanille au-dessus de la casserole, ajoutez la farine et fouettez. Versez le lait chaud en fouettant toujours. Faites chauffer à feu moyen, de 3 à 5 minutes, en remuant régulièrement, jusqu'à ce que la crème épaississe. Versez dans un plat, filmez et laissez refroidir.

❒ Étalez la crème sur le fond de tarte, disposez les fraises par-dessus. Faites fondre la gelée au micro-ondes et badigeonnez-en les fraises à l'aide d'un pinceau. Dégustez sans attendre.

GÂTEAU AU YAOURT

POUR 10 PERSONNES • PRÉPARATION : 15 MIN • CUISSON : 35 MIN

120 g de beurre frais doux + 220 g de sucre de canne + 3 œufs
150 g de farine de blé T55 + 70 g de fécule d'avoine ou de pomme de terre
70 g de poudre d'amandes + ½ sachet de levure chimique
1 pot de yaourt nature, soit 125 g + 5 cl d'huile neutre + Sel

❒ Préchauffez le four à 180 °C (th. 6). Faites fondre le beurre et versez le sucre dessus. Mélangez à la spatule et laissez reposer.

❒ Séparez les blancs des jaunes d'œufs. Montez les blancs en neige, à mi-chemin, ajoutez une pincée de sel pour les rendre fermes. Réservez dans un bol au frais.

❒ Dans le bol d'un robot, mettez les matières sèches : farine, fécule, poudre d'amandes et levure. Mélangez à vitesse lente jusqu'à obtenir une texture de sable fin homogène. Formez un creux et ajoutez les jaunes d'œufs, le beurre sucré, l'huile et le yaourt. Mélangez durant 3 minutes à vitesse moyenne. Pour finir, ajoutez délicatement les blancs en neige.

❒ Remplissez un moule à cake rectangulaire préalablement tapissé de papier cuisson. Mettez au milieu du four préchauffé pour 45 minutes environ de cuisson.

BABA AU RHUM

POUR 6 PERSONNES • PRÉPARATION : 30 MIN • CUISSON : 30 MIN

REPOS : 40 MIN

200 g de farine + 3 petits œufs
100 g de beurre mou, coupé en morceaux + un peu pour le moule
3 cuil. à soupe de lait tiède + 1 cuil. à café de sucre en poudre + 15 g de levure de boulanger
1 pincée de sel + Chantilly et fruits frais pour le dressage
Pour le sirop : 150 g de sucre en poudre + 2 ou 3 cuil. à soupe de rhum brun

❒ Délayez la levure dans le lait tiède et laissez-la reposer 10 minutes pour qu'elle double de volume. Battez les œufs avec le sel et le sucre.

❒ Tamisez la farine dans un grand bol, creusez un puits au centre, puis versez la levure délayée. Incorporez progressivement les œufs battus, en mélangeant au fur et à mesure pour former la pâte. Pétrissez-la 10 à 15 minutes, jusqu'à ce qu'elle soit souple, élastique et ne colle pas. Incorporez le beurre en continuant de pétrir pour que la pâte soit homogène. Laissez lever 30 minutes à température ambiante.

❒ Préchauffez le four à 200 °C (th. 6-7). Beurrez un moule à savarin. Frappez la pâte à la main pour chasser les bulles d'air, puis mettez-la dans le moule. Laissez lever à nouveau 15 minutes à température ambiante.

❒ Enfournez pour 25 à 30 minutes de cuisson. Vérifiez la cuisson en piquant une pointe fine de couteau au cœur du gâteau : elle doit ressortir sèche. Sortez du four, démoulez et laissez refroidir.

❒ Faites bouillir 30 cl d'eau, le sucre et le rhum pendant 1 à 2 minutes. Laissez tiédir.

❒ Posez le baba sur une grille au-dessus d'un plat et arrosez-le de sirop avec une petite louche, en versant lentement. Recueillez le sirop dans le plat et renouvelez l'opération 2 ou 3 fois pour bien l'imbiber. Mettez au réfrigérateur et garnissez le centre de chantilly et de fruits frais au dernier moment.

GÂTEAU AU CHOCOLAT

POUR 6 PERSONNES • PRÉPARATION : 5 MIN • CUISSON : 40 MIN

200 g de chocolat noir + 200 g de beurre + un peu pour le moule + 6 œufs
150 g de sucre en poudre + 100 g de farine

❒ Faites fondre le beurre et le chocolat au bain-marie ou au four à micro-ondes 1 min 30. Mélangez bien.

❒ Ajoutez le sucre et mélangez de nouveau. Incorporez la farine, mélangez encore, puis ajoutez les œufs et mélangez 3 minutes : la pâte doit être onctueuse.

❒ Beurrez un moule et versez la pâte dedans. Mettez au four, non préchauffé, et laissez cuire 40 minutes à 160 °C (th. 5-6).

MARBRÉ À LA CRÈME DE MARRONS

POUR 6 PERSONNES • PRÉPARATION : 30 MIN • CUISSON : 35-40 MIN

3 gros œufs + 170 g de beurre fondu + un peu pour le moule
180 g de crème de marrons (en tube de préférence) + 1 gousse de vanille
225 g de farine de blé + 150 g de sucre en poudre + ½ cuil. à café de levure chimique

❒ Préchauffez le four à 180 °C (th. 6). Beurrez un moule à cake. Fendez en deux la gousse de vanille dans la longueur et récupérez les graines. Dans un robot mixeur, blanchissez le sucre et les œufs entiers, puis versez le beurre fondu. Ajoutez les graines de vanille, la farine et la levure chimique, puis mélangez afin d'obtenir une pâte homogène.

❒ Passez la crème de marrons 20 à 30 secondes au micro-ondes. Déposez une couche de pâte à cake au fond du moule, à l'aide d'une cuillère à soupe, puis ajoutez la moitié de la crème de marrons. Recouvrez d'une couche de pâte à cake, étalez le reste de la crème de marrons, puis terminez par la troisième couche de pâte vanillée. Si la couche de la crème de marrons est trop épaisse, elle sera trop lourde et tombera au fond du moule ; veillez à bien la lisser sur toute la surface du moule.

❒ Enfournez pour 35 à 40 minutes. Dégustez ce cake tiède ou froid.

CHOUX À LA CRÈME PÂTISSIÈRE

POUR 20 CHOUX ENVIRON • PRÉPARATION : 45 MIN
CUISSON : 20 MIN • REPOS : 30 MIN

Pour la pâte à choux : 100 g de beurre doux + un peu pour la cuisson + 1 pincée de sel
1 pincée de sucre + 150 g de farine tamisée + 4 œufs
Pour la crème pâtissière : 25 g de fécule de maïs + 25 cl de lait
1 gousse de vanille ou 1 sachet de sucre vanillé + 6 jaunes d'œufs + 125 g de sucre semoule
50 g de beurre en petits morceaux

❒ Préparez la pâte à choux. Coupez le beurre en petits morceaux et mettez-le sur le feu, dans une casserole, avec 25 cl d'eau. Ajoutez le sel et le sucre. Mélangez jusqu'à ce que le beurre ait fondu. Retirez du feu et ajoutez toute la farine d'un coup en mélangeant pour obtenir une pâte lisse. Remettez la casserole sur le feu et mélangez jusqu'à ce que la pâte sèche et se détache des parois de la casserole. Retirez du feu et laissez refroidir. Ajoutez les œufs entiers un à un, en veillant à ce que le premier soit bien incorporé avant d'ajouter le suivant.

❒ Préchauffez le four à 180 °C (th. 6). Sur une plaque beurrée, déposez, en les espaçant bien, des petits dômes de 5 cm de diamètre environ. Placez au four pour 20 minutes de cuisson.

❒ Préparez la crème pâtissière. Dans un petit bol, diluez la fécule dans un peu de lait. Fendez la gousse de vanille en deux dans la longueur et grattez les graines.

❒ Dans une casserole sur feu moyen, faites chauffer le reste du lait avec les graines de vanille. Dans un saladier, mélangez les jaunes d'œufs et le sucre au fouet. Mélangez le lait chaud à la préparation précédente, sans cesser de remuer. Portez à ébullition jusqu'à ce que la crème épaississe. Hors du feu, incorporez le beurre petit à petit. Laissez tiédir et garnissez les choux : ouvrez-les pour les remplir de crème pâtissière.

CHARLOTTE AUX FRAISES

POUR 4-6 PERSONNES • PRÉPARATION : 30 MIN • CUISSON : 5 MIN
RÉFRIGÉRATION : 4 H

100 g de fraises + 2 pots de compote pommes-fraises sans sucres ajoutés
25 cl de crème liquide + 30 g de mascarpone + Une trentaine de boudoirs
60 g de sucre en poudre + 4 g de feuilles de gélatine

❒ Lavez et séchez les fraises. Réservez-en 3 et coupez les autres en tout petits cubes. Dans un bol d'eau froide, humidifiez les feuilles de gélatine pendant au moins 10 minutes. Couvrez de film alimentaire un moule à charlotte droit de 18 cm de diamètre, en laissant largement déborder le film à l'extérieur du moule pour pouvoir démouler facilement la charlotte.

❒ Tapissez le moule avec les boudoirs : d'abord verticalement, avec des boudoirs entiers placés le long des parois, puis au fond du moule, en coupant éventuellement les boudoirs en morceaux. Étalez 1 pot de compote avec le dos d'une grosse cuillère au fond de la charlotte, puis sur les côtés. Dans un saladier, versez la crème liquide, le mascarpone et 30 g de sucre en poudre, puis fouettez en chantilly bien ferme. Versez le pot restant de compote dans une casserole, ajoutez le sucre restant et faites tiédir à feu doux. Ajoutez la gélatine bien essorée et remuez régulièrement, juste le temps de la faire fondre. Laissez tiédir, puis ajoutez les fraises. Incorporez délicatement avec une spatule cette préparation à la crème, puis versez le tout dans le moule. Laissez prendre au frais au moins 4 heures. Vous pouvez également préparer cette charlotte la veille et la laisser prendre au frais pendant toute la nuit.

❒ Démoulez délicatement la charlotte à l'aide du film alimentaire et posez-la sur un plat. Équeutez et coupez les fraises restantes en tranches pour décorer la charlotte. Dégustez.

CRUMBLE AUX POIRES

POUR 4 PERSONNES • PRÉPARATION : 15 MIN • CUISSON : 20 MIN
REPOS : 10 MIN

1 poire + 4 pots de compote pommes-poires sans sucres ajoutés + 90 g de beurre
40 g de chocolat noir + 90 g de farine + 60 g de sucre en poudre + 30 g d'amandes effilées

❒ Préchauffez le four à 180 °C (th. 6). Tamisez la farine. Hachez le chocolat. Pelez la poire, coupez-la en quatre, enlevez le trognon, puis coupez-la en petits cubes.

❒ Préparez le crumble : versez la farine, le beurre coupé en cubes et le sucre dans un saladier, puis mélangez avec le bout des doigts jusqu'à obtenir un joli sablé. Ajoutez les amandes effilées et mélangez rapidement. Versez les pots de compote dans un petit saladier, ajoutez les cubes de poire et mélangez. Répartissez le tout dans 4 petits ramequins de 14 cm de diamètre, puis couvrez généreusement de crumble.

❒ Enfournez les crumbles pour 20 minutes. À la sortie du four, parsemez le chocolat haché sur les crumbles brûlants. Laissez tiédir 10 minutes (le chocolat va fondre pendant ce temps), puis dégustez sans attendre.

TIRAMISU

POUR 6 PERSONNES • PRÉPARATION : 25 MIN • RÉFRIGÉRATION : 3 H

1 boîte de biscuits à la cuillère + 300 g de mascarpone + 4 œufs + 20 cl de café très fort
80 g de sucre en poudre + 25 g de cacao amer en poudre + 1 pincée de sel

❒ Trempez la moitié des biscuits dans le café, l'un après l'autre, assez rapidement pour les imprégner sans les détremper. Rangez-les au fur et à mesure dans le fond d'un plat à rebord assez haut.

❒ Cassez les œufs en séparant les blancs des jaunes. Fouettez les jaunes avec le sucre en poudre jusqu'à ce qu'ils blanchissent et soient mousseux. Ajoutez le mascarpone et mélangez vivement pour obtenir une crème lisse et onctueuse. Battez les blancs en neige très ferme avec la pincée de sel. Prélevez-en 2 cuillerées à soupe et mélangez-les vivement à la crème au mascarpone, pour l'alléger. Incorporez ensuite délicatement le reste.

❒ Étalez la moitié du mélange sur les biscuits puis renouvelez l'opération avec le reste des biscuits et de crème. Mettez au moins 3 heures au réfrigérateur.

❒ Au dernier moment, à l'aide d'une passoire fine, saupoudrez légèrement la surface du tiramisu bien frais de cacao. Servez aussitôt.

INDEX

AUTEURS DES RECETTES :

Céline de Cérou : p. 4 ; Martine Lizambard : p. 6, 18, 24, 40, 83, 90, 144, 160, 180, 189 ; Dorian Nieto : p. 8, 14 ,15, 20, 21, 22, 26, 30 ,32, 33, 38, 42, 45, 46, 56, 64, 66, 76, 78, 104, 112, 126, 128, 140, 149, 154, 164, 170, 176, 177, 186, 188 ; Émilie Laraison : p. 9 ; Véronique Liégeois : p. 10, 28, 80, 96, 98, 116, 122, 148, 165, 166, 171 ; Sylvie Lagorce : p. 12, 39, 73, 86, 88, 92 ; Stéphanie Bulteau : p. 16, 27, 68, 74, 82, 100, 102, 106, 114, 146, 156 ; Solveig Darrigo : p. 34, 70, 127 ; Laura Annaert : p. 36, 44, 50, 58, 60, 89, 97, 105, 118, 120, 121, 142, 143, 158, 159, 168, 178, 184 ; Véronique Cauvin : p. 48, 183 ; Céline Mennetrier : p. 51, 52, 54 ; Vincent Amiel : p. 59, 67, 72, 94, 111, 124, 132, 135, 136 ; Régine Teyssot : p. 62, 108, 110, 134, 182 ; Françoise Zimmer : p. 84 ; Damien Duquesne / Christophe Dovergne : p. 130, 138 ; Pascale Weeks : p. 150, 152, 162, 172 ; Marion Beilin : p. 174

PHOTOGRAPHIES & STYLISME :

Céline de Cérou : p. 5, 69, 82, 101, 103, 107, 115, 147, 189 ; Bernard Radvaner : p. 6 ; Dorian Nieto : p. 8, 14, 15, 20, 21, 23, 26, 31, 32, 33, 38, 43, 45, 47, 57, 65, 66, 77, 79, 104, 113, 126, 129, 141, 149, 155, 164, 170, 176, 177 ; Émilie Laraison : p. 9, 75 ; Valéry Guedes : p. 10, 27, 29, 51, 53, 55, 81, 96, 99, 117, 123, 148, 165, 167, 171 ; Martin Balme / Lucie Dauchy : p. 13 ; Éric Fénot / Delphine Brunet : p. 17, 35, 71, 83, 91, 127 ; Guillaume Czerw / Natacha Arnoult : p. 19, 25, 41, 181 ; Claire Curt : p. 37, 44, 50, 58, 61, 89, 97, 105, 119, 120, 121, 142, 143, 158, 159, 169, 179, 185 ; Pierre Chivoret / Alexia Janny : p. 39, 73, 87, 88, 93, 161, 187, 188 ; Pierre-Louis Viel / Motoko Okuno : p.49 ; Claire Payen / Vincent Amiel : p. 59, 67, 72, 95, 111, 125, 133, 135, 137 ; Guillaume Czerw / Sophie Dupuis-Gaulier : p. 63, 109, 110, 134, 157, 182 ; Bernard Radvaner / Motoko Okuno : p. 85 ; L'atelier Mai 68 : p. 130, 139 ; Valéry Guedes / Natacha Arnoult : p. 145 ; Silvia Santucci : p. 151, 153, 163, 173 ; Amélie Roche / Alexia Janny : p. 175 ; Anthony Lanneretonne / Carine Zurbach : p. 183.

Directeur éditorial : **Didier Férat**

Édition : **Diane Monserat**

Graphisme : **Julia Philipps**

Mise en page et photogravure : **Nord Compo**

Fabrication : **Laurence Duboscq**

92 avenue de France, 75013 Paris

MIXTE
Papier issu de sources responsables
FSC® C003309

L'éditeur de cet ouvrage s'engage pour la préservation de l'environnement et utilise uniquement du papier certifié FSC©, issu de forêts gérées de manière responsable.

ISBN : 978-2-263-17876-4

Code éditeur : L17876

Dépôt légal : janvier 2022

Imprimé en Espagne par Macrolibros